Liebe Leserinnen,
liebe Leser,

nach den Sommermonaten als beliebteste Zeit für einen Trip nach Kanada oder in die USA steuern wir nun auf wohl die schönste Reisezeit für Nordamerika zu, wenn im Herbst die Bäume farbenfroh leuchten und sich die Blätter verfärben. Für die Fall Foliage, oft auch als Indian Summer bezeichnet, sind vor allem die Staaten im Osten des Kontinents bekannt.

Aber auch in anderen Landesteilen lässt sich die bunte Vielfalt bewundern. Mehrere herausragende Herbstwanderungen in den kanadischen Rocky Mountains empfiehlt Jörg Michel in seiner Reportage. Verena Wolff war an den Great Lakes für uns unterwegs, während Ole Helmhausen den Herbst in Nova Scotia erlebt hat. Ebenfalls aus Kanada berichten Aaron und Achill Moser: Von einem traditionellen PowWow in Québec und den Nation Lakes in British Columbia, während Wolfgang Opel eine charmante Insel in New Brunswick portraitiert. Unterdessen haben die Waldbrände in der Stadt Jasper und im gleichnamigen Nationalpark schwerste Schäden angerichtet, tausende Anwohner und Urlauber mussten evakuiert werden. Einen aktuellen Überblick dazu finden Sie auf den Seiten 42 und 43.

Die USA indessen bereiten sich gleich auf mehrere bedeutende Jahrestage vor: 2026 wird die Nation 250 Jahre alt, und im gleichen Jahr feiert die legendäre Route 66 ihr 100-jähriges Bestehen. Mit Illinois hat Christian Dose den vielleicht schönsten Abschnitt erkundet und eine Liebeserklärung an die Mutter aller Roadtrips mitgebracht. Dass Kentucky mehr als nur köstlichen Bourbon zu bieten hat, lesen Sie in „48 Stunden in Louisville" ab Seite 92. South Dakota ist dank des monumentalen Mount Rushmore weithin bekannt –

und hat noch viel mehr zu bieten: bizarre Landschaften, viel Wildlife und historische Westernstädte. Ebenfalls ein Bundesstaat und Reiseziel abseits der üblichen Routen: Oregon. Und dank Olympia aktuell in aller Munde – Los Angeles, in vier Jahren erneut Ausrichter des weltweit größten Sportevents. Sabine Loeprick stellt Ihnen die schmucke Innenstadt vor.

Mit dieser neuen Ausgabe von 360° NordAmerika wünschen wir Ihnen viele neue Ideen und Anregungen für den nächsten Urlaub in den USA und in Kanada. Natur und Metropolen präsentieren sich weiter als beliebte Ziele – Lifestyle und Lebensfreude sind ohnehin unvergesslich. Viel Spaß beim Lesen!

Ihre Redaktion 360° NordAmerika

Badlands National Park in South Dakota: perfektes Ziel für Naturfreunde abseits der ausgetretenen Pfade

Inhalt

Kanada

YUKON
Whitehorse

NORTHWEST TERRITORIES
Yellowknife

NUNAVUT

Iqualuit

BRITISH COLUMBIA

ALBERTA
Edmonton

Victoria

SASKATCHEWAN
Regina

MANITOBA
Winnipeg

ONTARIO

NEWFOUNDLAND & LABRADOR

St. John's

QUÉBEC

PRINCE EDWARD ISLAND

Charlottetown
Fredericton   NOVA SCOTIA
Québec
OTTAWA   NEW BRUNSWICK   Halifax

Toronto

Einsteigen

Kanada

DKG Journal

USA

ALASKA

Yellowstone National Park

WYOMING

Salt Lake City · Denver

KALIFORNIEN

UTAH **COLORADO**

Washington DC

NEW YORK
New York City

Dallas

TEXAS
Houston

Tallahassee

FLORIDA

HAWAII

USA

Mitmachen

Ausblicken

Neuer Nationalpark für Kanada auf Prince Edward Island

Kanada bekommt seinen 48. Nationalpark: Der Pitu-amkek National Park Reserve liegt an der Nordwest-küste von Prince Edward Island und soll seltene Dünenlandschaften, alte Primärwälder und das kulturelle Erbe der Mi'kmaq-Ureinwohner schützen, die seit über 4000 Jahren in der Region leben. Der Park wird von der Regierung und den First Nations der Provinz Prince Edward Island in einem Kooperations-modell gemeinsam verwaltet. Pituamkek bedeutet in der Mi'kmaq-Sprache „an der langen Sanddüne". Das Schutzgebiet umfasst eine 50 Kilometer lange Insel-kette im Sankt-Lorenz-Golf. Der Nationalpark wird eine Fläche von rund 50 Quadratkilometern mit ihren ökologischen, geologischen und historischen Beson-derheiten schützen. Die Dünenlandschaften zählen zu den ökologisch wertvollsten Ostkanadas und behei-maten gefährdete Arten wie Langohrfledermäuse und Regenpfeifer. Eine geologische Besonderheit des Parks ist der „Iron Rock", eine einzigartige 240 Millionen Jahre alte vulkanische Gesteinsformation.

Canadian Canoe Museum in Ontario eröffnet

Es ist das wohl bedeutendste Fortbewegungsmit-tel Kanadas und Symbol für die Jahrtausende alte Geschichte der indigenen Bevölkerung: das Kanu. Auf dem traditionellen Territorium der Williams Treaties First Nations in Peterborough, Ontario, hat nun das neue Canadian Canoe Museum eröffnet. Das neue Canadian Canoe Museum, das die bisherige Institution mit sofortiger Wirkung ablöst, zeigt mehr als 600 Was-serfahrzeuge. Zudem beheimatet das Museum unter anderem einen Lakefront Campus mit Kanuhaus, An- und Ablegestellen, zwei Docks für Wasseraktivitäten sowie ein Café mit Kamin und angrenzender Terrasse am Seeufer. „Die Sammlung des kanadischen Kanu-museums ist einzigartig und wurde bereits für ihre nationale Bedeutung für Kanada ausgezeichnet. Jetzt haben die Exponate endlich ein Zuhause, das ihnen als grundlegender Teil der kanadischen Geschichte gebührt und in dem sie in ihrer Gesamtheit ausgestellt und bewahrt werden können", sagt Kevin Malone, Präsident des Canadian Canoe Museum.

Neues Besucherzentrum in Washington, DC

Einmal im berühmten Oval Office Platz nehmen oder einen Blick in den Rosengarten werfen: Das neue Besucherzentrum, The People's House, gibt ab 23. September 2024 spannende Einblicke in das Leben und Arbeiten im Weißen Haus. Die Dokumentationsstätte erzählt mit modernster Technologie und interaktiven Ausstellungen mehr über die Geschichte des Weißen Hauses, ihrer Bewohner und der handelnden Akteure. Highlight ist die maßstabsgetreue Nachbildung des Oval Office. Zusätzlich gibt es im Maßstab 1:5 den imposanten Nachbau der berühmten Ansicht des White House, ein Wandgemälde des Rosengartens sowie Video- und Audioinstallationen. Geöffnet ist das Besucherzentrum ab dem 23. September 2024 täglich von 9 bis 17 Uhr (Eintritt kostenfrei, vorab online Tickets reservieren). The People's House findet sich an der 1700 Pennsylvania Avenue NW südlich des Weißen Hauses. Das bestehende White House Visitor Center auf der gegenüberliegenden Seite (1450 Pennsylvania Avenue NW) bleibt geöffnet.

thepeopleshouse.org

Barhopping in Atlantic City

Weltberühmte Hotels, Kasinos, Showbühnen, Piers und der historische Boardwalk sind die Ikonen von Atlantic City – genauso wie ihre Bars. Das Cardinal's bietet seinen Gästen ein innovatives kulinarisches Erlebnis, das durch kreative Cocktails ergänzt wird. Serviert wird im stilvollen Innenraum, auf der einladenden Terrasse oder im gemütlichen Garten. Mit über 100 Bieren, davon rund 40 frisch vom Fass, setzt die Tennessee Avenue Beer Hall ein Statement und schafft einen kulinarischen Bogen zwischen Burger und Hotdogs zur Haute Cuisine. Das Claridge Hotel ist ein Wahrzeichen von Atlantic City. 1930 eröffnet, glänzt der „Skyscraper by the Sea" bis heute im unverwechselbaren Stil des 20. Jahrhunderts. Davon inspiriert, präsentiert sich die Cocktailkarte der VÜE Rooftop Bar & Lounge im 23. Stock des historischen Gebäudes. Einst ein reiner Männerclub ist seit 2005 das Knife & Fork im Besitz der Familie Dougherty und strahlt nach Renovierungsarbeiten im alten Glanz als gehobenes Restaurant mit separater Bar, in der es sich gut sehen und gesehen werden lässt. Für Schokoladen-Junkies führt kein Weg an Atlantic Cities Tennessee Avenue vorbei, der die Vollblut-Gastronomen Lee Sanchez und Mark Callazzo als Inhaber gleich mehrerer köstlicher Adressen ihren ganz persönlichen Stempel aufgedrückt haben – vor allem mit der Bar 32 Chocolate.

Chicago lässt tief blicken

Auf den ersten Blick eine schillernde Weltstadt mit atemberaubender Skyline, weltberühmten Theatern, Musikclubs, Museen und Restaurants. Deutlich wird jedoch, dass Chicago so viel mehr zu bieten hat. Unter dem Titel „The 77: A City of Neighborhoods" ließ Choose Chicago nun eine Video-Reihe produzieren, die in die Seele der Stadt blicken lässt und Urlauber inspirieren soll, am echten Leben der Stadt teilzunehmen – jedem von Chicagos 77 Vierteln.

choosechicago.com/the77

Taylor-Swift-Ausstellung in Mississippi

Taylor Swifts Karriere über die vergangenen 18 Jahre beleuchtet eine neue Ausstellung des Grammy Museum Mississippi noch bis Ende Februar 2025. „Taylor Swift:

Through The Eras" präsentiert ergänzend zur aktuellen Tour vor allem Instrumente und Kostüme der 14-fachen Gewinnerin der Grammy Awards. Wer nach Ausstellungen über Taylor Swift sucht, merkt schnell, wie rar sich der Megastar abseits der Bühne macht.

grammymuseumms.org

San Francisco: erste wasserstoffbetriebene Fähre der USA

In San Francisco wurde Amerikas erste kommerzielle, vollständig mit Wasserstoff betriebene Passagierfähre in Dienst gestellt. Die „MV Sea Change" wird zu 100 Prozent mit emissionsfreien Wasserstoff-Brennstoffzellen betrieben. Das neueste Flottenmitglied der San Francisco Bay Ferry verkehrt kostenlos zwischen Pier 41 (Fisherman's Wharf) und dem Downtown San Francisco Ferry Terminal (Gate F). In einer Testphase kommt die Fähre freitags, samstags und sonntags in der Zeit von 9 und 16 Uhr zum Einsatz. Die Fahrt dauert rund zehn Minuten.

sanfranciscobayferry.com/sea-change-hydrogen-powered-ferry-schedule

Wo die Lärchen leuchten

Die schönsten Herbstwanderungen in den Rocky Mountains

Blick vom Burstall Pass
im Kananaskis Country in
den angrenzenden Banff
National Park

Noch ein paar Schritte, ein paar Serpentinen, dann sehen wir sie. In den Felslandschaften der Rocky Mountains tauchen bunte Farbflecke auf. Wie goldene Kleckse leuchten die Bäume in der herbstlichen Sonne. Lärchen! Was für ein Farbenspiel!

Dank der warmen, sonnigen Tage und frostigen Nächte setzt die Natur im Hochgebirge kurz vor dem Schneefall ein letztes Ausrufezeichen: Die goldgelben Lärchen strahlen auf Passhöhen, an Waldrändern, in Hochtälern, an glitzernden Gletscherseen. Kein Wunder, dass die Kanadier für die Hochzeit der Färbung zwischen Mitte September und Anfang Oktober eine eigene Jahreszeit ausgerufen haben: „Larch Season".

Dabei sind die farbigen Bäume nicht leicht zu finden, denn sie kommen in den Rocky Mountains nur in Sprenkeln vor. Die besten Chancen bieten sich am Rande der Baumgrenze im alpinen Hochland. Doch wo genau können Outdoor-Liebhaber die schönsten Lärchen erleben? Unser Autor Jörg Michel lebt in Calgary und hat viele Lärchenwanderungen ausprobiert. Hier stellt er uns fünf seiner Favoriten vor:

1. Lake O'Hara

Der kleinste National Park der kanadischen Rocky Mountains ist für mich einer der schönsten – besonders im Herbst. Im Yoho National Park ist vor allem das Wanderrevier rund um den Lake O'Hara spektakulär, einem See, der wegen seiner idyllischen Lage die bekanntesten Maler Kanadas inspiriert hat. Im Herbst legen sich dort üppige Lärchenhaine wie farbige Schimmer zwischen die immergrünen Nadelwälder und Felslandschaften. Rund um den Lake O'Hara gibt es im Umkreis von fünf Kilometern mehr als zwanzig Seen zu bestaunen – viele davon von goldgelben Lärchen gesäumt. Besonders dramatische herbstliche Aussichten habe ich auf den Rundwanderwegen des Opabin Plateau (sechs Kilometer retour) und an der Big Larches Loop (sieben Kilometer retour) erlebt, die beide am Seeufer des Lake O'Hara beginnen. Der einzige Wermutstropfen: Es ist nicht ganz leicht,

Der Lake O'Hara im Yoho National Park hat schon viele Maler inspiriert.

Der Eiffel Lake liegt im Hinterland des Banff National Park und ist zu Fuß vom Moraine Lake aus zu erreichen.

zum Lake O'Hara zu gelangen. Besucher erreichen den See entweder per Shuttle-Bus von Parks Canada oder zu Fuß über einen elf Kilometer langen Schotterweg, der an einem Parkplatz am Trans-Kanada-Highway beginnt. Die Tickets für die Busse werden im Lotterieverfahren vergeben und sind schnell vergriffen. Für die Rückfahrt braucht es keinen Fahrschein. Allerdings sind die freien Plätze im Bus begehrt. Wanderer sollten rechtzeitig an der Haltestelle sein, um nicht über die Schotterstraße zurücklaufen zu müssen.

2. Moraine Lake

Der Moraine Lake im Banff National Park gehört zu den bekanntesten Attraktionen in Kanada. Hunderttausende besuchen den spektakulären Gletschersee jedes Jahr – Verkehrsstaus und lange Warteschlangen an den Bushaltestellen inklusive. Doch wer glaubt, der Rummel endet mit den Sommerferien, der hat sich geirrt. Auch im Herbst ist am Moraine Lake der Teufel los, und ich verstehe gut, warum. Direkt am Ufer beginnen einige der spektakulärsten Lärchen-Wanderungen in Kanada, von kurz bis lang, von leicht bis anstrengend, von populär bis unbekannt. Busladungen von Städtern und Touristen zieht es in den wenigen Herbstwochen dorthin. Sie haben

die Auswahl zwischen mehreren Tageswanderungen, die zu gelben und goldenen Lärchenwäldern führen. Die populärste (leider oft überlaufene) Route führt über steile Serpentinen ins Larch Valley (8,5 Kilometer retour). Mir persönlich liegt der Weg zum Eiffel Lake (zwölf Kilometer retour) mehr, auch weil er weniger frequentiert ist. Beide Wege beginnen hinter dem Kanuverleih am See und gleichen sich während der ersten Dreiviertelstunde. Danach zweigt der Weg zum Eiffel Lake links ab, während es zum Larch Valley rechts geht. Zum Moraine Lake gelangt man per Shuttle über eine 14 Kilometer lange Zufahrtsstraße. Privatfahrzeuge sind nicht mehr erlaubt. Dafür pendeln Busse von Parks Canada und privaten Anbietern. Es empfiehlt sich, Tickets zu reservieren, denn diese sind sehr gefragt.

3. Lake Louise

Wie der Moraine Lake gehört auch der Lake Louise zu den Blockbustern Kanadas. Die meisten Besucher kommen wegen der dramatischen Bergkulisse und dem imposanten Victoria Glacier. Die kleine Ortschaft von Lake Louise liegt unweit des Sees auf 1600 Metern und gilt als die höchste ständig bewohnte Siedlung in Kanada. Weniger bekannt ist die Tatsache, dass Wanderer auch von Lake

Jörg
Michel

Jörg Michel lebt in Calgary in Kanada und schreibt für Medien wie Geo, Welt am Sonntag oder die Frankfurter Allgemeinen Sonntagszeitung. Autor der Reiseführer „British Columbia und Alberta - 50 Highlights abseits der ausgetretenen Pfade", die bei 360° medien erschienen sind. Online findet man ihn auf Facebook unter „Jörg Michel – Stories and Discoveries in Canada" oder auf *joergmichel.ca*

Das Skoki Valley gehört zu den weniger frequentieren Wanderzielen im Banff National Park.

Lärchen schmücken eine Hochebene im Peter Lougheed Provincial Park in Kananaskis.

Louise aus auf Lärchen-Tournee gehen können. Viele Wege sind in der Lärchen-Saison weniger besucht als ihre Pendants am Moraine Lake. Einige der schönsten Lärchenwanderungen beginnen direkt am See, etwa die Touren zum Saddleback Pass (7,5 Kilometer retour) oder dem Big Beehive (elf Kilometer retour). Beide Wege sind steil und nur für Geübte geeignet. Für jene, die es einsamer mögen, habe ich einen Geheimtipp: Auch im Skoki Valley auf der gegenüberliegenden Seite des Bow River gibt es Lärchen! Als Tagestour eignet sich eine Wanderung zum Hidden Lake

(16,5 Kilometer retour). Dort haben Wanderer die Lärchen sprichwörtlich für sich. Der Startpunkt ist am Fish Creek Parking Lot unweit des Skigebiets. Zur Anfahrt nach Lake Louise bieten sich die Shuttlebusse von Parks Canada an. Wer seinen Lärchen-Ausflug im 60 Kilometer entfernten Nationalparksdorf Banff beginnt, der nimmt die Busse des regionalen Verkehrsverbundes Roam. Zur Lärchen-Saison werden extra Fahrten angeboten.

4. Sunshine Meadows

Das Skigebiet Sunshine in Banff ist im Winter und Sommer gefragt. Im Winter bringen eine Gondel und neun Sessellifte

Skifahrer und Snowboarder auf ein bis zu 2400 Meter hohes Plateau an der kontinentalen Wasserscheide zwischen Alberta und British Columbia. Wenn die Wintersportler abgezogen sind, übernehmen Wanderer das Revier – im Sommer wegen der vielen Wildblumen, im Herbst wegen der Lärchen. Mit Hilfe der Lifte können auch jene, die nicht so gut zu Fuß sind oder keine weiten Strecken wandern wollen, das Plateau erleben. Zwischen Ende Juni und Anfang Oktober fahren Besucher in 25 Minuten aus dem Tal bis zur Bergstation und danach mit einem Sessellift in acht Minuten bis zu einer Aussichtsplattform zu den Sunshine Meadows, einer Ansammlung idyllischer Seen und Bergwiesen. Von dort bietet sich ihnen im Herbst eine wunderbare Aussicht auf das Farbspektakel und das ganz ohne schweißtreibenden Aufstieg. Zu meinen Favoriten gehört eine Rundwanderung, die von der Bergstation zu drei Seen führt: Rock Isle Lake, Latrix Lake und Grizzly Lake (10,5 Kilometer retour). Noch spektakulärer ist die Route über zwei Pässe: den Simpson und den Healy Pass. Von letzterem können geübte Wanderer direkt wieder zur Talstation absteigen (15 Kilometer). Zur Talstation gelangen Urlauber mit dem Auto oder von Banff aus mit einem kostenlosen Shuttle.

5. Kananaskis Country

Die Region Kananaskis liegt nur eine Autostunde von Calgary entfernt in den Ostausläufern der Rocky Mountains. Die Region ist beliebt bei den Einheimischen, weil sich dort gewöhnlich weniger Touristen tummeln als in den Nationalparks. Kananaskis umfasst neun Provinzparks und fünfzig weitere Schutzgebiete. Während der Olympischen Winterspiele 1988 in Calgary fanden dort viele alpine und nordische Skiwettbewerbe statt. Zu den leichteren Herbst-Touren gehört der Arethusa Cirque Trail (4,5 Kilometer retour), der zu Lärchenhainen und einem idyllischen Wasserfall führt. Sportlicher ist der Weg zum Burstall Pass (16 Kilometer retour) – eine spektakuläre alpine Hochebene mit rot-braunen Weidengewächsen und Lärchenwäldern. Der Blick ins Hinterland des Banff National Park von dort gehört für mich zu den spektakulärsten der Rocky Mountains. Die bunten Nadelbäume am Chester Lake (9,5 Kilometer retour) sind besonders pittoresk, wenn im Hochland die ersten Schneeflocken gefallen sind. Alle drei Wanderungen liegen im Peter Lougheed Provincial Park, der über den Kananaskis Trail (Highway 40) oder die Spray River Road von Canmore aus zu erreichen ist. Achtung: Für diese Parks ist ein separater Eintrittspass erforderlich – der Nationalparkpass gilt dort nicht!

ANREISE
Gateway in die Rocky Mountains ist in erster Linie die Olympiastadt Calgary, die Discover Airlines mehrfach pro Woche ab Frankfurt/Main nonstop ansteuert – ab 2025 auch saisonal ab München. Condor fliegt überdies ab Frankfurt/Main auch nach Edmonton. Dann am besten weiter mit Mietwagen oder Camper.

AKTIVITÄTEN
Lake O'Hara, Yoho National Park: *parks.canada.ca/pn-np/bc/yoho/activ/randonnee-hike/ohara/visit*
Moraine Lake, Banff National Park: *parks.canada.ca/pn-np/ab/banff/visit/parkbus/louise*
Moraine Lake, Banff National Park: *banfflakelouise.com, roamtransit.com/schedules-routes/lake-louise-banff-express-route-8x*
Sunshine Meadows, Banff National Park: *banffsunshinemeadows.compark bus/louise*
Kananaskis Country, Alberta: *albertaparks.ca/albertaparksca/visit-our-parks/road-trips/kananaskis*

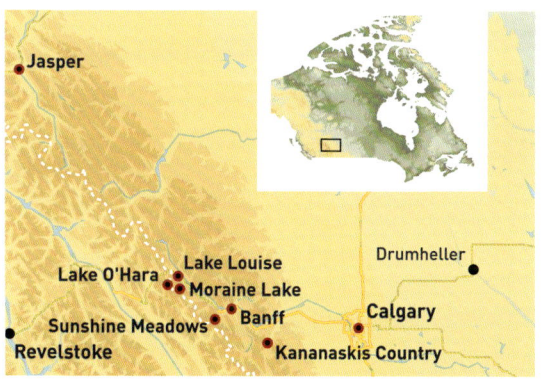

Indian Summer an den Great Lakes

Wo sich der Herbst in Schale schmeißt

Autor: Markus Seelbinder

Das Killarney East Light-house liegt am Nordufer der Georgian Bay – die Bäume drumherum färben sich langsam.

Manche Inseln der Thousand Islands haben ein schmuckes Häuschen und sogar einen Leuchtturm, andere sind nur Felsen im Wasser.

Der Spätsommer und der Herbst gehören zu den schönsten Reisezeiten in Kanada, vor allem an der Ostküste, entlang des Sankt-Lorenz-Stroms, an den Great Lakes. Manchmal hat man als Besucher das Gefühl, die Natur befindet sich im Wettbewerb, welcher Baum mit der intensivsten Blattfärbung glänzt – nur, damit einige Wochen später der Wind alles wegweht, der erste Schnee fällt und der lange Winter beginnt.

Der Zuckerahorn, der die kanadische Flagge schmückt, zeigt sich im Herbst von seiner knalligsten Seite. Denn das intensive Rot, so ist es überliefert, ist auch der Grund, weswegen der Indian Summer einst seinen Namen bekam. Es soll das Blut der Tiere symbolisieren, die die First Nations, die indigene Bevölkerung Kanadas, im Herbst jagten. Die wissenschaftliche Erklärung ist nüchterner: Die kürzeren Tage und kühleren Temperaturen lösen den Abbau des grünen Blattfarbstoffs Chlorophyll aus und fördern die Produktion von Anthocyanin. Das sind Pigmente, die den Blättern die auffällige Farbe verleihen.

Insel-Träume

Wer von Osten oder Norden her auf die Great Lakes zufährt, von Montréal oder Ottawa, passiert die Thousand Islands, die hier im Sankt-Lorenz-Strom liegen – und in Wirklichkeit genau 1864 Inseln sind. Im Norden liegt die Provinz Ontario, im Süden der US-Bundesstaat New York. Viel idyllischer als hier wird es wohl nicht, wenn die Sonne auf die Inselchen scheint, wenn die Bäume und Sträucher langsam von Sommergrün auf Herbstbunt wechseln.

Viele Menschen von beiden Seiten der Grenze haben hier ein Wochenendhäuschen, oder, wie im Fall von Boldt Castle, gleich ein ganzes Schloss. Im Jahr 1900 gab Hotelmagnat George C. Boldt, dem das Waldorf Astoria in New York City gehörte, das Schloss in Auftrag. Ein Geschenk für seine geliebte Ehefrau Louise sollte es werden, ein Schloss, das es mit den Prachtbauten in Europa aufnehmen konnte. Mittendrin in den Thousand Islands, auf Heart Island. Doch: Louise starb, kurz bevor das Sommerhaus fertig wurde. George war untröstlich und lies die Bauarbeiten Schlosses stoppen. 1977 erwarb die Thousand Islands Bridge Authority die Ruine, an der die Elemente genagt hatten, restaurierte sie und machte sie für Besucher zugänglich.

Das Schloss auf Heart Island hat eine besonders rührende Geschichte – und ist heute ein beliebter Ort für Hochzeiten.

„My home is my castle" – das gilt auch, wenn wenig Land und viel Wasser um das Heim ist.

Viele der Inselchen sind in Privatbesitz, manche nur wasserumspülte Felsen. Wolfe Island ist die größte, sie hat eine Fläche von rund 124 Quadratkilometern, das entspricht etwa der Fläche von Marburg. Im Winter leben hier um die 1200 Menschen, im Sommer vervielfacht sich die Einwohnerzahl.

Der Sankt-Lorenz-Strom, der drittgrößte in Nordamerika, ist allerdings auch ein viel genutzter Seeweg vom Atlantik zu den Ufern der Great Lakes. Wer also nicht auf einem Schiff, sondern auf dem Highway 2 und dem Thousand Islands Parkway ent-

lang des Ufers unterwegs ist, wird nicht nur kleinere Kreuzfahrtschiffe sehen, sondern vor allem imposante Frachter.

Beeindruckende Wasserfälle

Am Wolfe Island geht der Sankt-Lorenz-Strom in den Lake Ontario über. Fährt man nun an seinem Ufer entlang, landet man in Kanadas größter Stadt Toronto – oder umfährt sie weiträumig auf dem Weg zu den Niagara Falls, einem „Muss" in Sachen Indian Summer. Denn nicht nur sind die Ufer des Niagara River auf der kanadischen Seite wunderschön bepflanzt, auch ist dies eine recht grüne Gegend und eine, in der sich zahlreiche Winzer niedergelassen haben. Genug Orte also, um bunt gefärbtes Blattwerk und die herbstliche Natur zu genießen.

Am Lake Erie

Nun gibt es zwei Möglichkeiten, diesen Roadtrip durch Ontario fortzusetzen: Entweder, man umfährt das Nordufer des Lake Erie mit seinen vielen kleinen Orten und landet in Windsor. Direkt gegenüber ist die „Motor City" Detroit, auf der anderen Seite des Detroit River, der den Lake Erie über den Lake St. Clair mit dem Lake Huron verbindet. Alternativ reisen Besucher von Toronto aus gleich nordwärts

An den Niagara-Fällen entstehen durch die Gischt die schönsten Regenbögen am bunt bepflanzten Ufer.

Richtung Barrie und den Parry Sound, an den „sechsten Großen See". So bezeichnen Geologen gerne die Georgian Bay, eine riesige Bucht im Lake Huron.

Urlaubsparadies

Weit hergeholt ist das nicht, denn entstanden ist die Georgian Bay im Zuge der fünf anderen Great Lakes, als bei der letzten Eiszeit die großen Gletscher Nordamerikas zu schmelzen begannen. Die Verwerfungen in der Erdkruste bildeten riesige Löcher, die voller Wasser liefen. Die Georgian Bay allein ist etwa 190 Kilometer lang und rund 80 Kilometer breit und umfasst rund 15.000 Quadratkilometer – das entspricht rund 80 Prozent der Fläche des Lake Ontario.

Die Orte hier sind klein und idyllisch, die Wälder dicht. Camping in Zelt und Wohnmobil sind für Urlauber die beliebtesten Aufenthalte, aber es gibt auch kleine Inns und Hotels. Huckleberry Island ist am besten mit dem Boot von Parry Sound zu erreichen, wie auf den anderen Inselchen gibt es hier kleine Strände, die im Herbst erst so richtig schön sind – wenn die Ferien vorbei sind, das Wasser aber vom Sommer noch so warm ist, dass man Schwimmen kann. Wenn die Sonne vom blauen Himmel strahlt und die Blätter an den Bäumen in allen Schattierungen zwischen einem hellen Gelb, satten Orange und tiefem Rot erstrahlen.

Parry Sound, der Ort, der nach dem Polarforscher William E. Parry benannt ist, hat seine eigenen Thousand Islands – die allerdings sind ein ganzer Schärengarten. Hier gibt es eine ausgeruhte Rundfahrt durch die mehr als 30.000 Felsen und Inselchen mit der „Island Queen". Man sieht kleine Blockhäuser und große Anwesen, Kajaks, Paddleboards und kaum eine bewohnte Insel, die keinen Steg zum Wasser hat. Strom- und Wasserleitungen hat hingegen nicht jede Insel, berichtet der Kapitän.

Trapper gingen hier auf die Jagd nach den Tieren, aus denen in Europa luxuriöse Pelze gefertigt wurden. Denn auf dem alten Kontinent waren Fuchsschwanz und Biber kaum noch zu bekommen, sie galten als ausgerottet. In der Region um die Georgian Bay gab es genug, die Trapper handelten mit den Ureinwohnern. Das war ein gewinnbringender Wirtschaftszweig in der neuen Welt, um die Briten und Franzosen stritten.

In Killarney, noch immer in der Georgian Bay gelegen, lohnt sich vor allem der

Auch in den Schären des Parry Sound gibt es stattliche Häuser – nicht alle Inselchen sind allerdings an Strom und Wasser angeschlossen.

Der Lighthouse Trail führt zum Killarney East Lighthouse, ein Weg durch den Wald und über exponierte Felsen.

Seewasser, in denen man heiße Füße kühlen kann, entschädigen allerdings für jede Anstrengung entlang des Weges.

Je weiter Reisende nun nach Norden kommen, an den Nordufern des Lake Huron und vor allem am Lake Superior, umso früher ist meist der Indian Summer da. Denn es ist deutlich kälter in Sault Ste. Marie, Wawa und Thunder Bay, und damit sind auch die Bäume und ihr Farbspiel meist früher dran. In Parry Sound, sagen die Einwohner, seien die Urlauber von Mai bis September unterwegs. „Den Rest des Jahres sind wir eingefroren." Am Lake Superior dauert dieses eisige Schauspiel sogar noch etwas länger.

Lighthouse Trail, der zu einem kleinen weißen Holz-Leuchtturm mit rotem Ausguck führt – durch bunte Mischwälder und über rosa Granitfelsen, die in der Gegend die Landschaft prägen. Der Ausblick aufs Wasser und die Tümpelchen mit kühlem

---

biinaagami.org
destinationontario.com

GREAT LAKES

Die Great Lakes liegen genau auf der Grenze zwischen Kanada und den USA. Nur der Lake Michigan hat kein Ufer in der kanadischen Provinz Ontario. Der Lake Superior ist größer und tiefer als die anderen vier zusammen. Früher und heute lebten und leben zahlreiche Ureinwohner an den Ufern. Die waren jahrzehntelang derart verschmutzt, dass sie teils als tot galten – die Industrie entlang der Ufer hat ihr Abwasser in die Seen geleitet, die Schifffahrt tat ihr übriges. Dank strenger Gesetze haben sich die Gewässer wieder erholt.

TOUREN

Wer die Great Lakes auf der kanadischen Seite umrunden will, kann dies mit einem Roadtrip etwa von Montréal, Kingston oder Toronto nach Thunder Bay oder Sault Ste. Marie machen. Beste Reisezeit ist in aller Regel ab Mitte September. Mit dem Auto brauchen Reisende mindestens eine Woche – je nachdem, wie lange sie unterwegs Station machen und wie gern sie wandern oder etwa in der Georgian Bay Boot fahren.

Die Entfernungen sind übersichtlich, so dauert etwa die direkte Fahrt von Toronto nach Parry Sound an der Georgian Bay nur gut zwei Stunden, weiter nach Killarney nochmals genau so lang.

Die Gegend können Besucher nicht nur von der Landseite entdecken. Hapag Lloyd Cruises bietet im Herbst Kreuzfahrten mit der Hanseatic Inspiration an, die von Toronto in 13 Tagen nach Milwaukee über alle fünf Seen führen (ab 9170 Euro pro Person (*hl-cruises.de/ reiseziele/nordamerika-kreuzfahrten*).

TOUREN

Killarney Mountain Lodge: rustikales Hotel an der Georgian Bay mit verschiedenen Arten von Zimmern und Chalets, ab 125 CAD; 3 Commisioner Street, Killarney, ON P0M 2A0, *killarney.com*

ANREISE

Air Canada, Lufthansa und Condor fliegen von Frankfurt/Main und München aus nach Toronto.

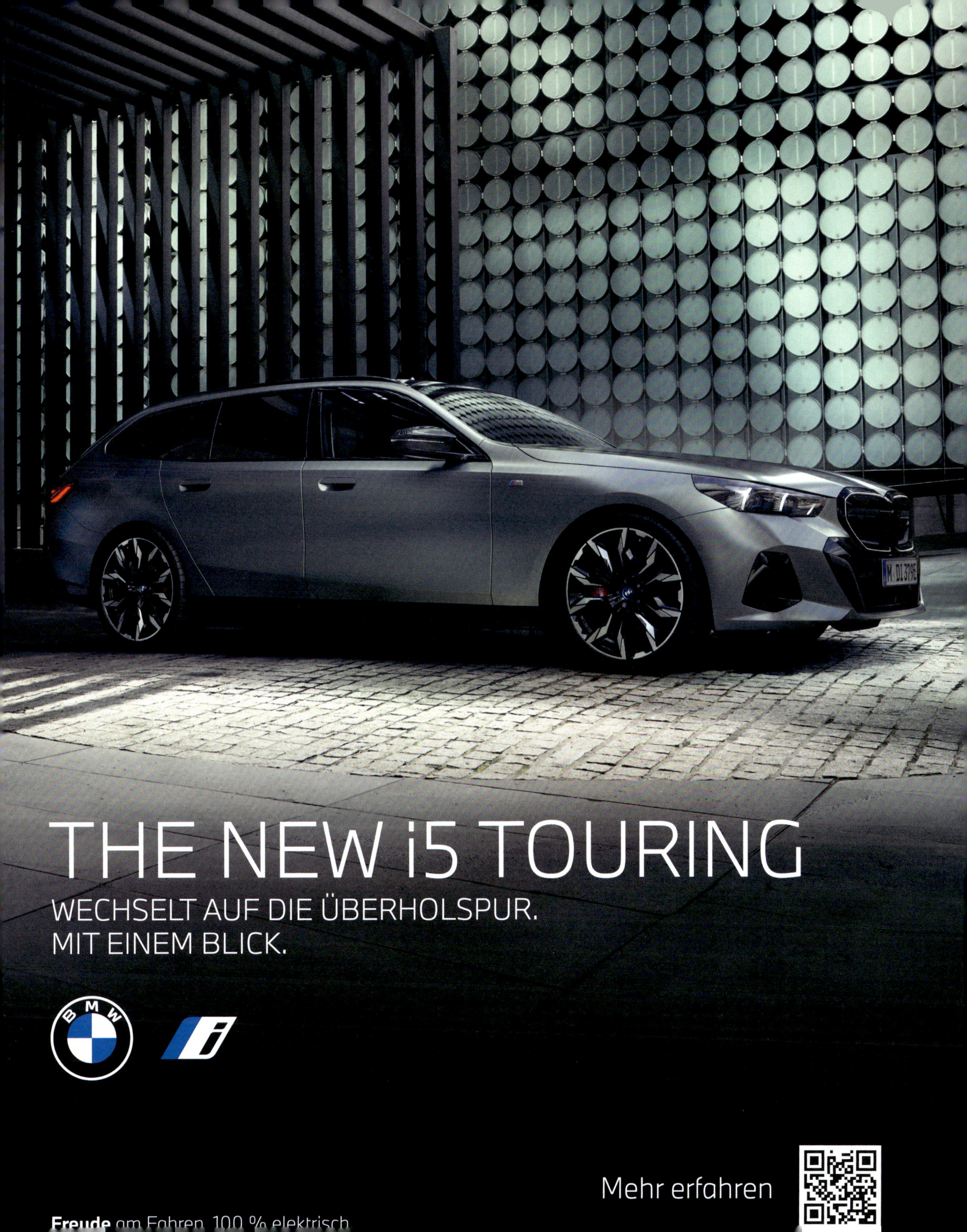

THE NEW i5 TOURING
WECHSELT AUF DIE ÜBERHOLSPUR.
MIT EINEM BLICK.

Mehr erfahren

Freude am Fahren. 100 % elektrisch.

Cape Breton Island

Showtime am Nordatlantik

South Harbour: Geht es noch schöner?

Fantastische Landschaft:
Cape Smokey Coast

Wenn Zucker-Ahorn und Rot-Eiche in einer wahnsinnigen, verzückten Leuchtkraft schreien: Auf Cape Breton Island findet die herbstliche Farborgie auch noch vor der denkbar schönsten Kulisse statt.

Nach 15 Jahren in Florida ist Sean McGregor nach Ingonish auf Cape Breton Island zurückgekehrt. „Da unten fehlten mir einfach die Jahreszeiten", sagt er, „immer nur Sonne, am Ende ging mir das mächtig auf die Nerven." Zuletzt saß der gelernte Werbefachmann den Winter über schwitzend in Strandcafés und hatte Visionen: von Fischerdörfern und Wäldern, die vor lauter Farben zu bersten schienen, von

Wanderwegen durch die Highlands und von frischer Meeresluft, die in den Lungen gründlich reinemacht.

Jetzt ist Sean wieder zu Hause. Es ist Oktober. Der Himmel ist wolkenlos blau, die Berghänge, die in Ingonish unmittelbar hinter dem letzten Haus 300 Meter hoch aufragen, scheinen von einem Flammenmeer bedeckt. Unten an der Pier lehnen ein paar Fischer über die Reling ihres Kutters, tief versunken in die Farbenpracht. Es riecht nach Tang, Humus, nach absterbenden Blättern. Die letzten Mücken tanzen im gelben Licht, die Luft ist so klar, dass selbst die Konturen weit entfernter Objekte messerscharf erscheinen. Eilig hat es in Ingonish keiner. Sean lächelt: „Das ist Lebensqualität. If you know what I mean."

Instagram für Blätter-Gucker

Man könnte fast glauben, dass die Wälder wirklich brennen. Oder zumindest leuchten. Zu gelb, zu rot, zu orange strahlen die Blätter der Ahornbäume, Eichen und Erlen. Die Rede ist – natürlich – vom Herbst. Die berühmteste und zugleich kürzeste Jahreszeit Kanadas findet zeitgleich mit dem deutschen Altweibersommer statt.

Und damit hören die Gemeinsamkeiten auch schon auf. Oder gibt es daheim etwa „leaf peeper", die von weit her anreisen, nur

Cabot Trail: im Auto durch
ein Farbenmeer

um der Laubfärbung beiwohnen zu dürfen? Und Hotlines, wo sich diese Blätter-Gucker rund um die Uhr über den Stand der Laubfärbung informieren können? In Nova Scotia aktiviert die Regierung im Herbst #NSLeaf Watch. Es soll Besucher dazu animieren, ihre bunten Bilder mit dem Social Media Hashtag zu teilen. Auf diese Weise erfahren andere Reisende, wo die Farben gerade am schönsten sind.

Die Begleittexte dort lesen sich unter anderem so: „In Pleasant Bay färbt sich gerade der Rot-Ahorn in den oberen Bereichen der Berghänge gelb und rot. Näher zum Talboden hat sich etwa ein Viertel der Birken gelb verfärbt, mit orangenen, roten und braunen Einsprengseln dazwischen."

Alles so schön bunt hier!

Der Rot-Ahorn am Marble Mountain schafft dagegen nur ein flaches, etwas langweiliges Rot. Dafür seien hier die Buchen orange-braun getupft, der Zucker-Ahorn ganz leicht gelb getönt und die Espen kräftig purpur gefärbt.

Wen das immer noch nicht überzeugt, lasse sich von den Sätzen des wortgewaltigen John Steinbeck inspirieren. Der Literatur-Nobelpreisträger schrieb: „Das Klima änderte sich rasch, es wurde kalt und die Bäume barsten in Rots und Gelbs, die man sich nicht vorstellen kann. Es ist nicht nur Farbe, sondern ein Glühen, als ob die Blätter das Licht der Herbstsonne gierig festgehalten hätten und es dann langsam wieder freigäben. Es ist etwas von Feuer in diesen Farben."

Auch der deutsche Schriftsteller Carl Zuckmayer geriet ins Schwärmen: „Noch nie, in keinem der Laubwälder Europas, hatte ich solche Herbstfarben gesehen. Der Höhepunkt liegt in der ersten Oktoberwoche, wenn es nachts schon friert und die Sonne durch Frühnebel bricht, dann schreien Zuckerahorn und Roteiche in einer wahnsinnigen, verzückten Leuchtkraft." Dass die beiden über den Herbst in Neuengland in den benachbarten USA schrieben, sei ihnen verziehen. Nicht auszudenken, was diese Meister ihres Fachs über die fünfte Jahreszeit auf Cape Breton Island geschrieben hätten.

Das Blut des Großen Bären

Doch wie kommt es nun zu diesen fantastischen Farben? Und warum ist der Altweibersommer daheim nicht ebenso Feuer und Flamme? Die Legende der Ureinwohner Kanadas ist von allen Deutungen die

Fest für alle Sinne: frische Luft, klares Wasser, Farbenrausch!

Ole Helmhausen

Reisejournalist, Blogger und Social-Media-Experte, lebt seit 1993 in Kanada. Seitdem bereist er das Land kreuz und quer, stets auf der Jagd nach neuen Geschichten für GEO, FAZ, Spiegel-Online – und 360° NordAmerika. Ole lebt in Montréal. Mehr unter: *out-of-canada.olehelmhausen.de*

Ruhe-Sitz im Cape Breton Highlands National Park

schönste. Danach ist es das Blut des Großen Bären, das die Wälder im Herbst rot färbt, und sein Fett, das aus dem Kochtopf des himmlischen Jägers spritzt, das für die Gelb- und Goldtöne sorgt. Die Erklärung der Biochemiker dagegen nimmt aller Poesie den Wind aus den Segeln: Während der Nährstoffproduktion findet in den Blättern eine Umwandlung von Kohlendioxid und Wasser in Kohlenhydrate statt. Angetrieben wird dieser Prozess vom Tageslicht und vom Chlorophyll, dem Pigment, das für die grüne Farbe der Blätter verantwortlich ist. Den ganzen Sommer über dominiert im Blatt das Chlorophyll. Die

Stunde der übrigen, ebenfalls im Blatt vorhandenen Pigmente schlägt erst im Herbst, wenn das Chlorophyll abgebaut wird. Dann treten diese Pigmente in den Vordergrund – Showtime! Forciert wird dieser Prozess in Atlantik-Kanada durch die extremen Temperaturschwankungen: kalte Nächte mit Frost, warme, sonnige Tage.

Wohin während der Fall Foliage?

Die Ahornarten Rot- und Silber-Ahorn sowie die Rot- und Scharlach-Eiche zum Beispiel produzieren das Pigment Anthocyan. Mit Farbtönen von Blutrot bis Dunkelviolett gibt es der „Foliage" genannten Laubfärbung die überall in Nova Scotia zu

cbisland.com/vacation-ideas/fall

ANREISE

Mit Lufthansa-Tochter Discover Airlines oder mit Condor von Frankfurt/Main nonstop nach Halifax (Nova Scotia). Mit dem Mietwagen weiter nach Cape Breton Island.

CAPE BRETON HIGHLANDS NATIONAL PARK

Der Nationalpark im Norden der Insel wird vom Cabot Trail umrundet. Dieser bietet mehrere Dutzend Aussichtspunkt und Trailheads für Wanderungen ins Innere und entlang der Küste; *parks.canada.ca/pn-np/ns/cbreton*

UNTERKUNFT

Silver Dart Lodge & MacNeil House Suites: moderne Lodge in Baddeck am Brad d´Or Lake, mit schönem Seeblick, Pool und Restaurant McCurdy´s Dining Room, im Herbst ab 180 CAD; 257 Shore Rd., Baddeck, NS B0E 1B0, *silverdartlodge.com*

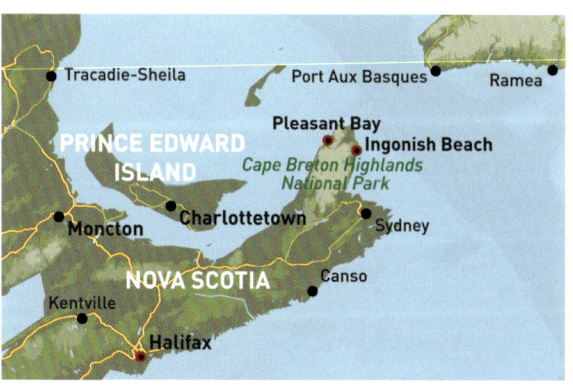

findende Touchierung. Wie die Laubfärbung letztlich ausfällt und wann genau sie stattfindet, hängt letztlich von Mutter Natur ab. Reiseveranstalter können davon ein Lied singen: So manche Reisegruppe, die für den Farbenrausch teuer bezahlt hatte, stand nach langer Anreise tief enttäuscht an einem Aussichtspunkt, von wo aus es noch immer so sommerlich grün aussah wie daheim im Teutoburger Wald. Oder schlimmer noch: Die Show hatte bereits ohne sie stattgefunden.

Auch wenn Mutter Natur nicht genau mit sich planen lässt: Auf Cape Breton Island ist die beste Zeit für die Farben von Ende September bis Ende Oktober, mit dem Höhepunkt Mitte Oktober. Und der beste Ort ist der Cape Breton Highlands National Park, die ihn umrundende, 300 Kilometer lange Panoramastraße Cabot Trail bietet etliche wunderbare An- und Aussichten. Wessen Seele in der knackigen, klaren Luft abhebt, nimmt den Nationalpark am besten unter die Füße.

Meat Cove: schönstes Straßenende der Insel

Am besten, man lässt sich treiben. Fragt unterwegs andere Blättergucker, wirft hin und wieder einen Blick auf #NSLeaf Watch. Trails durch die flammenden Wälder gibt es genug. Die schönsten sind die von der Panoramastraße Cabot Trail auf Cape Breton Island in den Cape Breton Highlands National Park führenden Wanderwege – wegen der knalligen Rot- und Orangetöne vor dem tiefen Blau des Nordatlantiks.

New Brunswick

An der „Alten Sau" vorbei nach Campobello Island

D as Ziel unserer Wünsche liegt im Süden der Provinz New Brunswick und ist über eine Brücke mit den USA ver-bunden. Vom kanadischen Festland aus erreicht man Campobello Island nur mittels zweier Fähren. Mit etwas Glück kann man bei der Überfahrt einen berühmten Gezeitenstrudel, genannt „Old Sow", bestaunen.

Malerisch gelegener Leuchtturm im Norden von Campobello Island

Cherry Island mit Leuchtturm.

New Brunswick wurde lange als „Durch-fahrprovinz" – zwischen Kanada und den USA respektive von Nova Scotia nach Québec – verspottet, da sich ein Aufent-halt dort nicht lohnen würde. Seit einiger Zeit aber gilt besonders die abwechslungs-reiche Südküste entlang der Bay of Fundy nicht nur für Touristen, sondern sogar für viele Einheimische als Geheimtipp.

Felsige Abschnitte mit vorgelagerten Inseln wechseln sich mit oft menschen-leeren Stränden ab. Die berühmten hohen Gezeitenunterschiede der Bay of Fundy formen diese raue Küste stetig, besonders bei Stürmen und gelegentlichen Hurrikans.

Angeregt durch Fotos eines dramatisch gelegenen Leuchtturms und neugierig wegen der Abgelegenheit der Insel stand ein Besuch von Campobello Island schon lange auf unserer Wunschliste. Bei einer

frühherbstlichen Rundreise durch New Brunswick bot es sich endlich an, diese Insel ganz im Südwesten an der Grenze zu Maine (USA) zu besuchen. Auch die Wetteraussichten waren vielversprechend, was an der Küste nicht selbstverständlich

An der Bay of Fundy bei Quaco Head

ist. Da die Insel nur mittels zweier Fähren erreichbar ist, planten wir etwas mehr Zeit für etwaige Verzögerungen ein.

Zu den Inseln

Wir fuhren von Saint John über St. George nach L'Etete zur Anlegestelle der Fähre nach Deer Island, wo nur wenige Autos warteten. Die Deer Island Princess II ist eine offene Autofähre – ähnlich anderen, die es überall in Kanada und hier und da auch in Deutschland gibt.

Inzwischen hatte sich der Himmel bezogen, doch wir gaben die Hoffnung auf etwas Sonnenschein in den nächsten Stunden nicht auf. Bei der Fahrt zwischen den Inseln mit ihren von Tang bedeckten Felsen begegneten wir nicht nur einer Fähre vom gleichen Typ, die in entgegengesetzter Richtung fuhr, sondern auch einem Walbeobachtungsboot.

Deer Island durchquerten wir zügig bis zur Südspitze, um schnellstmöglich die Fähre nach Campobello Island zu erreichen. Die wurde gerade beladen, als wir ankamen. Fast wären wir nicht mitgekommen, denn vor uns stand ein großer Camper in der Schlange. Für den war allerdings kein Platz mehr auf der Fähre; stattdessen durften wir aufrücken und mitfahren.

Die Fähre Hopper II gleicht keiner der Fähren, die wir kannten: Sie besteht aus einem flachen Schwimmkörper mit absenkbaren Landebrücken für die Fahrzeuge und einem schmalen Schlepper, der über eine Art Kupplung mittig mit dem Fährkörper verbunden ist. Der Name der ungewöhnlichen Fähre bezieht sich offensichtlich auf ihren Job: das „Inselhüpfen". Da es gezeitenbedingt für diese Fähre keine Piers gibt, wird sie durch den Schlepper direkt auf den Strand geschoben und gegen die Strömung in Position gehalten. Die Fahrzeuge gelangen über eine Betonrampe auf die Fähre. Wir beobachteten staunend, wie geschickt der Kapitän die Wendigkeit des Schleppers ausnutzte, um die Fähre zunächst vom Strand zu ziehen, komplett zu drehen und dann nach Campobello Island zu schieben. Wie mag dieses Manöver bei starkem Wind und hohem Seegang gelingen?

In der Aufregung über die ungewöhnliche Fährfahrt hatten wir fast vergessen, nach dem Gezeitenstrudel namens „Old Sow" (zu deutsch: alte Sau) Ausschau zu halten. Obwohl uns beim Passieren von Cherry Island einige stärkere Wirbel im Wasser aufgefallen waren, brachten wir sie zunächst nicht mit dem Strudel in Verbindung. „Old Sow" ist der stärkste Gezeitenstrudel Amerikas und wird durch die Strömungen beim Wechsel der Gezeiten zwischen den dicht beieinander liegenden Inseln im Süden der Passamaquoddy Bay verursacht. Eine Annäherung ist nicht risikolos. Vor Jahrzehnten waren dort

Ungewöhnliche Autofähre Hopper II

sogar Boote untergegangen und Menschen ertrunken. Und auch heute müssen gelegentlich leichtsinnige Kajakfahrer in aufwändigen Rettungsaktionen vom Strudel geborgen werden.

Erst später lasen wir, dass man den Gezeitenstrudel am besten entweder drei Stunden vor dem Höhepunkt der Tide vor der Südwestspitze von Deer Island beobachten kann oder aber bei abnehmender Tide weiter östlich. Vermutlich hatten wir bei Cherry Island einige der abklingenden Strömungen beobachtet.

Auf Campobello Island

Nach der rund 30 Minuten langen Überfahrt erreichten wir Campobello Island. Dort war unser erstes Ziel die Head Harbour Lightstation an der Nordspitze der Insel. Der malerisch auf rauen Felsenklippen gelegene Leuchtturm von 1829 mit dem charakteristischen roten Kreuz auf weißem Grund ist nur bei Ebbe erreichbar. Wir waren leider zu spät. Über den kaum noch freiliegenden Meeresboden wären wir vielleicht gerade noch zum Leuchtturm gelangt, hätten dann aber acht Stunden dort festgesessen, denn auf einer Tafel wurde eindrücklich davor gewarnt, durch das Wasser zurück zu waten oder gar zu

schwimmen. Stattdessen bewunderten wir die schöne Aussicht – wenn auch unter bewölktem Himmel – um anschließend die 14 Kilometer lange Insel weiter zu erkunden.

Nach ein paar Kilometern verließen wir die im Westen der Insel verlaufende Hauptstraße in Richtung Ostküste. Hier führt eine Straße parallel zum Meer durch wenig besiedeltes, bewaldetes Land. Wir stoppten am bogenförmigen Mill Cove Beach, wo uns am menschenleeren Strand eine große, von Sonne und Meer gebleichte Baumwurzel als fotogene Skulptur der Natur begrüßte.

Die Head Harbour Lightstation ist nur bei Ebbe zu erreichen

Von den Gezeiten bearbeitet

Wolfgang Opel

Wolfgang Opel interessiert sich für „unwirtliche" Wüsten- und Polarregionen. Im Fokus stehen Landschaften, die dort leben-den indigenen Völker und die Geschichte. Er ist Autor von „Nova Scotia – 50 Highlights abseits der ausgetretenen Pfade", „Atlantik-Provinzen – 60 Tipps abseits der ausgetretenen Pfade", Co-Autor der Miertsching-Biografie „Weil ich ein Inuk bin" und weiterer Bücher über Kanada und die Arktis.

Wenige Kilometer weiter südlich liegt der Herring Cove Provincial Park mit einem weiten, teils sandi-gen, teils steinigen Strand und mehreren Wander-wegen unterschiedli-cher Länge – und nicht ganz so menschenleer. In nur zehn Kilometer Entfernung konnten wir ein weiteres, uns schon bekanntes Highlight New Brunswicks sehen: Grand Manan Island.

An einer Marschwiese schauten wir im diskreten Abstand eine Malerin zu, die die umgebende Sze-nerie auf ihrer Leinwand festhielt. Der Strand wird schon lange zur Erholung genutzt und wurde vor über 100 Jahren häufig von der Familie des amerikani-schen Präsidenten Franklin D. Roosevelt besucht, die in der Nähe ein Sommerhaus besaß. Es gehört heute als Museum zum Roosevelt Campobello International Park, der gemeinsam von Kanada und den USA betrieben wird, und ist samt der weitläu-

Das Sommerhaus der Familie Roosevelt

figen Park- und Gartenanlage öffentlich zugänglich. Übrigens kommt dieses Som-merhaus in einer Episode des dystopischen Romans „Die Zeuginnen" der bedeutends-ten kanadischen Autorin Margaret Atwood vor – als Flüchtlingseinrichtung.

Für uns wurde es Zeit, zur Fähre zurück-zukehren. An der Friars Bay stoppten wir noch an einem kleinen Leuchtturm, in dem Tickets für Walbeobachtungstouren ver-kauft werden. Dieser Teil der Bay of Fundy ist bekannt dafür, dass man häufig große Wale, wie Finn- und Buckelwale, beobach-ten kann. Doch wir mussten uns beeilen, um noch einen Platz auf der letzten Fähre des Tages zu ergattern. Bei einem nächsten Besuch der Insel werden wir uns rechtzei-tig eine der wenigen Übernachtungsmög-lichkeiten auf der Insel sichern, um dann in Ruhe mehr zu entdecken.

ANREISE
Von St. John erreicht man L'Etete über die Routen 1 und 772. Die Fähre ab L'Etete nach Deer Island ist kostenfrei, verkehrt halbstündlich und benötigt etwa 25 Minuten. Die Fähre zwischen Deer und Campobello Island verkehrt Ende Juni bis Mitte September tags-über zehn Mal (30 Minuten, 7 CAD pro Person, Fahr-zeug mit Fahrer 24 CAD); *eastcoastferriesltd.com*

AKTIVITÄTEN
Roosevelt Campobello International Park: Zutritt zu Haus und Gelände Mitte Ende-Mitte Oktober täglich 10 bis 18 Uhr, kostenfrei; *rooseveltcampobello.org*

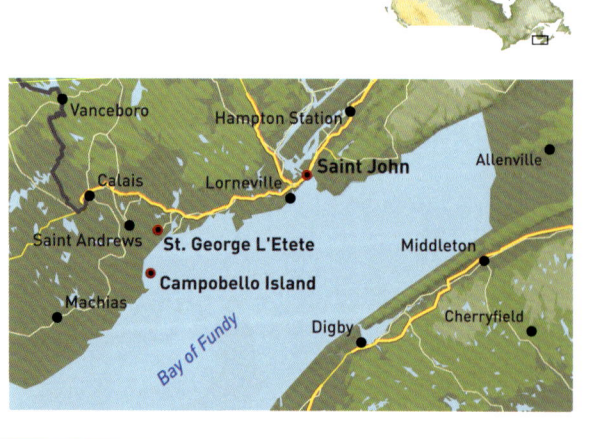

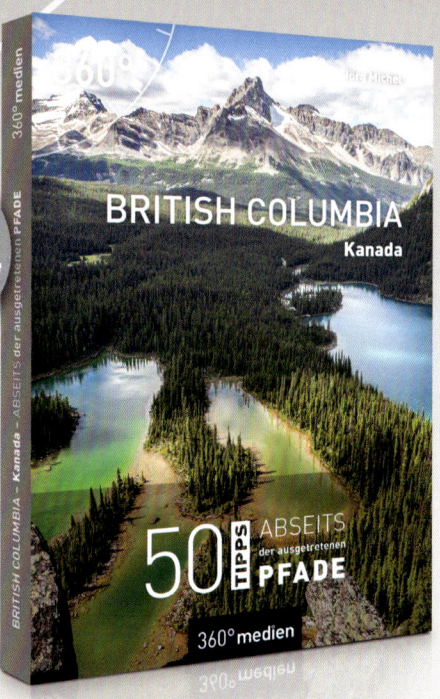

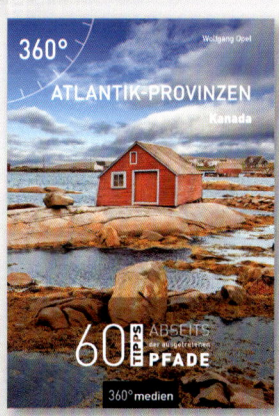
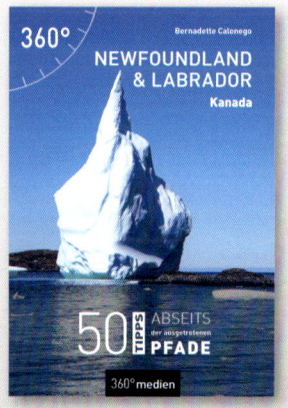

Québec

In Wendake feiern die First Nations ihr PowWow

*Das kreisförmige Tanz-
areal in Wendake ist
alljährlich Treffpunkt der
First Nations.*

Die Luft ist erfüllt vom Klang der Trommeln. Ein dröhnender markerschütternder Rhythmus, der unter die Haut geht. Dazu die schrillen Gesänge der Indigenen, die perlenbesetzte Wildlederkleider und traditionellen Kopfschmuck aus Adlerfedern oder gefärbten Stachelschweinborsten tragen. In den Gürteln stecken Tomahawks und Messer. Um den

Hals haben manche eine Kette aus Bärenklauen oder Biberzähnen hängen. Lange Stoff- oder Lederfransen fliegen um ihre Körperkonturen, während sie auf weichen Mokassin-Sohlen übers Gras der kreisförmigen Arena tanzen. Wie hypnotisiert verfallen die schweißglänzenden Gesichter der Tänzer in eine Art Trance – und ihre Seelen, so ahne ich, tauchen durch reine Vorstellungskraft in eine andere Welt ein, in ein mystisches Reich ferner Vergangenheit.

Lange Tradition

Wir befinden uns im Reservat der Huronen, das sich in der kanadischen Provinz Québec befindet, und erleben ein Pow-Wow (sprich: „Pau-uau"), ein großes traditionelles Fest, zu dem sich die First Nations einmal im Jahr, immer im Juli, auf ihre spirituelle Vergangenheit besinnen.

Vor zwei Tagen sind mein Sohn Aaron (32, Fotograf und Kameramann) und ich mit dem Auto von Québec City nach Nordwesten gefahren. Nach 15 Kilometern kamen wir zum Wendake-Reserve. Hier leben die Huronen – aktuell 3000. Ursprünglich war der Stamm am Lake Ontario in der heutigen USA angesiedelt.

*Bei Tanz und Trommel-
klang leben die Indigenen
ihr ureigenes Lebens-
gefühl aus.*

Kriegerische Auseinandersetzungen mit anderen Ureinwohnern und verheerende Seuchen, die die Franzosen einst aus Europa einschleppten, rotteten das Volk der Huronen (auch „Wyandot" genannt) fast aus. Von 30.000 Indigenen blieben gerade mal 500, die zum Ende des 17. Jahrhunderts ihr Stammland verließen und in Québec eine neue Heimat fanden.

Mit einem lauten „Kwe!" begrüßt uns Gordon im Reservat der Huronen, das sich auf einer Fläche von rund zwei Quadratkilometern erstreckt. Gordon, ein stämmiger Mitsechziger, der seit Jahren Chief und Organisator des Wendake-PowWow ist, gibt uns die Erlaubnis, das Kultfest der First Nations zu fotografieren und zu filmen – ausgenommen religiöse Zeremonien. Dann macht er uns mit Jason bekannt. Ein 42-jähriger Hurone mit dominierenden Backenknochen, der ein perlenbestücktes Wildleder Outfit mit langen Fransen an den Leggins trägt. In seinem schulterlangen blauschwarzen Haar stecken zwei Adlerfedern.

Einblicke

Es ist vor allem sein äußeres Erscheinungsbild, das uns in eine längst vergangene Zeit versetzt, als uns Jason durch ein ausgedehntes Waldstück führt, vorbei am Kabir Kouba Waterfall zum Akiawenrahk River. Dort setzen wir uns ans Ufer, und

Auf dem PowWow-Fest schmücken sich die Indigenen nach alter Tradition. Den gefiederten Kopfschmuck trugen schon ihre Urahnen.

die untergehende Sonne färbt den Himmel im Westen gelbrot, im Osten dunkelorange. „Den Himmel, zu dem wir Tag für Tag hinaufschauen, nennen wir Vater – und die Erde, auf der wir alle gehen, nennen wir Mutter. Denn Luft, Wasser und Pflanzen geben uns Leben", sagt Jason und deutet mit seinem rechten Arm über die grünen Hügelketten und den Fluss. „Fast jeden Morgen wandere ich durch Wald und Wiese. Das tut gut. Man muss an die Dinge herangehen, Nähe suchen und verweilen. Über Jahrhunderte hat uns die Natur viel gelehrt: aufrecht gehen wie die Bäume, stark sein wie die Berge – und die Wärme der Sonne im Herzen tragen", fügt er hinzu und nimmt beim

In der Dämmerung gibt es für die Huronen keine Trennung zwischen Vater Himmel und Mutter Erde.

Achill Moser & Aaron Moser

Vater und Sohn berichten seit vielen Jahren als Vortragsreferenten sowie in Fernseh- und Radiosendungen von ihren Reisen. Aaron arbeitet als Fotograf und Kameramann, Achill veröffentlichte mehr als 30 Bücher. Ab September 2024 präsentieren sie in vielen Städten Deutschlands ihre neue, faszinierende Live-Multimediashow „Kanada – Durch Weite und Wildnis". Infos und Termine: *aaronmoser.de*

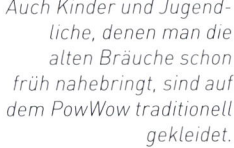

Auch Kinder und Jugendliche, denen man die alten Bräuche schon früh nahebringt, sind auf dem PowWow traditionell gekleidet.

Reden etwas Erde in die Hand, die er durch seine Finger rieseln lässt. Jasons Worte lösen in uns eine seltsame Ergriffenheit aus. In allem, was er sagt, macht er deutlich, dass es jenseits von Technologie und Materialismus etwas Lebenswichtiges gibt, das der modernen Welt verlorengegangen zu sein scheint. Etwas, das mit Gefühl, Romantik und Reduzierung auf das Wesentliche zu tun hat.

„Die First Nations wissen von vielen Dingen, von denen wir keine Ahnung haben", sage ich und bin verblüfft, als Jason mit großer Offenheit von seinem Leben erzählt. Wir erfahren, dass er vor einigen Jahren in Québec City alle möglichen Jobs angenommen hat, um das moderne Leben kennenzulernen und um viel Geld zu verdienen. Doch das war für ihn der falsche Weg. Die Gemeinschaft im Reservat hat ihm dabei geholfen, seinen Weg zu finden. Denn sein Traum war es, auf den PowWows zu tanzen. Mittlerweile tritt er auf vielen Festivals auf. Nicht nur um die

Zuschauer zu unterhalten, sondern um sich lebendig zu fühlen. Denn alle Tänze sind Teil des spirituellen Lebens der First Nations. „So bin ich meiner Kultur eng verbunden und kann von den Preisgeldern leben. Das macht mich glücklich," erklärt Jason.

Emotionen pur

Am Eröffnungstag des PowWow stehen wir mit Jason inmitten Hunderter von bunt gekleideten Männern und Frauen. Selbst die Kinder, denen man die alten Bräuche schon früh nahebringt, sind traditionell geschmückt. Nach dem Grand Entry, dem Einzug aller Tänzer in die Arena, die immer einen Kreis bildet, weil das Symbol eines Kreises als Zusammenhalt der Gemeinschaft und als Fortsetzung des endlosen Lebens gilt, beginnen die Ehrenzeremonien und Tanzwettbewerbe. Unablässig dröhnen dann die Trommeln. Die dumpfen Rhythmen, die den vier Winden übergeben werden, stärken und energetisieren die Tänzer und Tänzerinnen, die nun mit großer Vitalität schwungvoll und geschmeidig über das Gras tanzen. Man kann die Kräfte förmlich spüren, die durch die geschmückten Körper fließen – und innere Welten erwachen. Auch das Singen der nicht übersetzbaren Worte lockt in den Tänzern ein verinnerlichtes Lebensgefühl hervor. Worte, die vom Wehen des

Dichter Wald erstreckt sich an der PowWow-Arena in Wendake.

Windes, vom Fließen des Flusses und von der Weite des Himmels erzählen. Es ist, als würden über der runden Grasfläche die Geister der Urväter erscheinen: Red Cloud, Sitting Bull, Crazy Horse oder Quanah Parker. Augenblicke, in denen mir die Worte des Blackfoot-Häuptlings Crowfoot in den Sinn kommen: „Was ist das Leben? Es ist das Aufleuchten eines Glühwurms in der Nacht. Es ist der Hauch eines Büffels im Winter. Der kleine Schatten, der über das Gras huscht und sich im Sonnenuntergang verliert."

Abends sitzen wir mit den Indigenen am Feuer. Im Schein der Flammen wirken die Huronen in der Runde wie Schattenwesen aus einer fernen Vergangenheit. Eine merkwürdige, fast mysteriöse Stimmung überkommt uns – hier ist es nahe liegend, dass man jenseits von Politik, Wissenschaft und Wirtschaft vom spirituellen Geist der Natur spricht. „Die Natur ist ein Ort der Wahrheit, kein Ort der Weltflucht," sagt einer der Ältesten, zerreibt eine Zigarette zwischen den Fingern und streut den Tabak in das Feuer; eine Gabe an den großen Schöpfer der Erde. „Und die Gemeinschaft ist wichtig," fügt Ken hinzu. „Du kannst einen Pfeil zerbrechen, nicht aber ein ganzes Bündel." Ein anderer nickt zustimmend und bekennt: „In unseren Kindern wird unsere Tradition, unsere

Sprache und unsere Geschichte weiterleben." Und auch Jason weiß, wovon er spricht: „Gastfreundschaft und Respekt vor dem Alter ist wichtig, den Besitz teilen, etwas für andere tun. Und sich einen heiligen Raum schaffen, um den Wäldern und Pflanzen für ihr Hiersein danke sagen."

Mystisch-magische Welt

Erdige, alte Denkweise, die uns berührt – die jedoch mit meinem Gewissen kollidiert. Denn viele Indigene leben in den Reservaten Kanadas und den USA unter schwierigsten Bedingungen. Zwar werden die First Nations von der Regierung finanziell unterstützt, aber Abhängigkeit, Arbeitslosigkeit, Identitätsverlust und fehlende Selbstentfaltung sind oft die Folgen.

All diese Probleme lässt das PowWow für mehrere Tage vergessen. Inspiriert durch Trommelklang, Tanz und Gesang öffnen sich die Indigenen für eine andere Wirklichkeit. Diese andere Wirklichkeit vermittelt sich uns auch anderntags in einem nahegelegenen Wald des Reservats. Es herrscht Abenddämmerung. Und vor dem klaren Sternenhimmel sinkt Dunkelheit auf das Kronendach der Bäume. „Onhwa' Lumina" nennen die Huronen diesen Wald, der von einem kreisrunden Pfad durchzo-

In einem mystisch-magischen Wald vermittelt sich die Spiritualität der First Nations.

gen ist, den die Indigenen angelegt haben. Ein spiritueller Ort mit brennenden Feuerschalen, Laternen, Videoprojektionen und leisen Musiksounds der First Nations. Nebliger Dunst steigt aus der Erde auf, während Blumen, Tiere, Wasserfälle und Schattenkrieger auf hölzerne Wände projektziert werden. Das Wechselspiel von Licht, Farbe und Musik versetzt uns in eine mystisch-magische Welt. Einmal mehr nehmen wir die besondere Beziehung der Indigenen zur Natur wahr – und ich muss an jenen Moment denken, als wir mit Jason am Akiawenrahk River saßen und er behutsam etwas Erde durch seine Finger rieseln ließ. Hand aufs Herz: Wann hatten Sie das letzte Mal ein Stückchen Erde in Ihren Fingern – einfach so?

der Ureinwohner erlebt man Geschichte, Kultur und Kunst der Huronen, erfährt von den Mythen und Weisheiten ihrer Vorfahren.

BESUCH IM RESERVAT

Im Reservat der Huronen liegt das eindrucksvolle 4-Sterne-Hotel-Musée Premières (Zimmer ab 250 CAD; Hotel-Musée Premières Nations, 5 Place de la Rencontre, Wendake (QC) G0A 4V0, *hotelpremieresnations.ca*), das von den Indigenen betrieben wird. Inspiriert von der Kultur der First Nations ist dies ein Ort, an dem sich Tradition und Moderne treffen. Im Restaurant „La Traite" werden Gerichte nach indigenen Rezepten serviert.

Im benachbarten Museum sowie in einem ehemaligen Langhaus

Eintritt zum PowWow: Erwachsene 10 CAD
Besuch des mystischen Waldes Onhwa' Lumina: Erwachsene 31 CAD

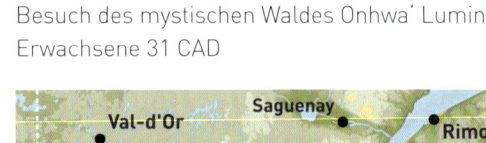

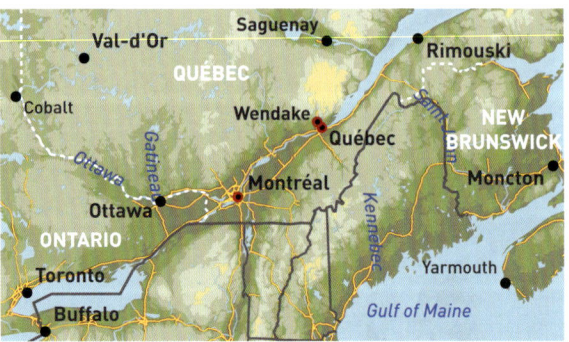

360° KANADA 2025

Der Fotograf Christian Heeb setzt die schönsten Regionen Kanadas perfekt in Szene.

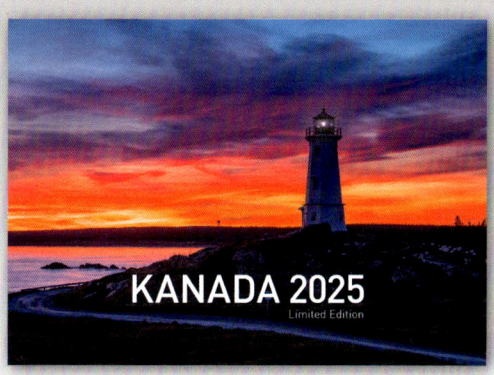

EXKLUSIV KALENDER

Format 70 x 50 cm
14 Kalenderblätter, Spiralbindung
49,95 €

Kanada 2025
ISBN 978-3-96855-549-2

PREMIUM KALENDER

Format 50 x 35 cm
14 Kalenderblätter, Spiralbindung
26,95 €

Kanada – Der Westen
ISBN 978-3-96855-511-9

Kanada – Nova Scotia
ISBN 978-3-96855-529-4

Kanada – Der Westen
ISBN 978-3-96855-574-4

BROSCHÜREN KALENDER

Format A4 (21 x 29,7 cm), aufgeklappt A3 (29,7 x 42 cm)
mit Platz für Termine und Notizen
28 Kalenderblätter, Spiralbindung
12,50 €

Mehr Infos und alle Kalenderblätter unter:
360grad-medienshop.de/kalender
Versandkostenfreie Lieferung innerhalb Deutschlands!

360° medien I Nachtigallenweg 1 I 40822 Mettmann I www.360grad-medien.de I info@360grad-medien.de

Jasper steht vor einer ungewissen Zukunft

Ein verheerender Waldbrand hat ein Drittel des weltbekannten Ferienortes im Jasper Nationalpark zerstört. Der Wiederaufbau braucht Zeit.

Autor: Jörg Michel

Der Flächenbrand „Complex" ist der größte in Jasper seit über 100 Jahren.

Jessica Jackson wollte gerade ihre Kinder zu Bett bringen, als sie im Fenster eine dunkle Wolke aus Rauch auf sich zukommen sah. Ascheregen prasselte gegen die Scheiben, und in diesem Moment ahnte die junge Mutter, dass sie und ihre Familie ihr Heimatdorf Jasper würden verlassen müssen. Kurze Zeit später wurde die Befürchtung zur Realität: Die Behörden gaben den Evakuierungsbefehl.

Die Familie packte eilig das Nötigste ins Auto und fuhr los. Zwei der drei Highways, die durch den Ort führen, waren da bereits von den Flammen umzingelt. Es blieb also nur der Weg nach Westen. Für die ersten drei Straßenblöcke brauchten die Jacksons zwei Stunden, denn sie waren nicht die Einzigen. Mit ihnen ergriffen rund 4700 Bewohner und bis zu 10.000 Besucher die Flucht.

Das Wohnviertel Cabin Creek in Jasper wurde größtenteils zerstört.

Wie viele andere hofften auch die Jacksons auf Regen. Doch der kam zu spät. Zwei Tage nach der Evakuierung erreichten die Flammen das Dorf. Angefacht von böigen Winden und gefüttert von Hitze und ausgetrockneten Wäldern überrollte in der Nacht vom 24. auf den 25. Juli eine bis zu einhundert Meter hohe Feuerwalze Teile von Jasper. Viele Bewohner verloren ihr Zuhause. Der Park wurde geschlossen.

Ein Drittel zerstört

Jasper ist einer der bekanntesten Fremdenverkehrsorte Kanadas. Mehr als zwei Millionen Touristen besuchen das Nationalparkdorf in den Rocky Mountains jedes Jahr. Die meisten kommen wegen der atemberaubenden Berglandschaften: im Sommer zum Wandern, Campen oder Paddeln, im Winter zum Skifahren. Jasper und der gleichnamige Nationalpark gehören zum Weltnaturerbe.

Viele Menschen im Ort leben vom Tourismus. Doch nun stehen viele vor einer ungewissen Zukunft. Der Waldbrand „Complex" hat in jener verhängnisvollen Nacht rund ein Drittel ihres Dorfes zerstört – darunter viele Wohngebäude, aber auch Unterkünfte für Touristen wie Hotels, Ferienwohnungen oder Jugendherbergen. Einige Campingplätze weisen ebenfalls erhebliche Schäden auf.

Waldbrände sind im Westen Kanadas keine Seltenheit. Sie gehören seit jeher zum normalen Kreislauf der Natur und tragen zur ökologischen Erneuerung der Wälder bei. Doch „Complex" war außergewöhnlich: Mit über 33.000 Hektar war es der größte Flächenbrand im Nationalpark seit über 100 Jahren. Ausgelöst wurde er wohl durch Blitzeinschlag nach langer Hitze und Trockenheit.

Schäden durch Löschwasser

Gut drei Wochen nach der Katastrophe durften die ersten Bewohner nach Jasper zurück. Ihnen bot sich ein Bild der Zerstörung: Das Feuer hat ganze Straßenzüge ausradiert. Viele der Gebäude, die noch stehen, sind beschädigt durch Löschwasser. Die Anschlüsse für Strom, Wasser und Gas sind nur teilweise wiederhergestellt. Der Wiederaufbau wird Monate oder Jahre dauern.

Was das für den Tourismus bedeutet, ist noch nicht absehbar. Der nördliche Teil der weltbekannten Panoramastraße Icefields Parkway war wegen immer wieder aufflackernden Brandnestern über Wochen hinweg zwischen dem Columbia Icefield und Jasper gesperrt. Populäre Ausflugziele wie die Schluchten des Maligne Canyon haben wichtige touristische Infrastruktur verloren.

Verschont blieb das bekannte Bootshaus am Maligne Lake.

Glücklicherweise haben andere bekannte Attraktionen das Feuer bislang überstanden, etwa das Skigebiet Marmot Basin oder das Bootshaus am weltbekannten Maligne Lake. Das ikonische Eisenbahnhotel Fairmont Jasper Park Lodge ist mit ein paar Schrammen davongekommen, ebenso viele Hotels am Ostende des Orts. Auch das Krankenhaus und die Schulen stehen noch. Mittlerweile wieder geöffnet: die Miette Hot Springs und das Icefields Center. Beide Attraktionen liegen an der Peripherie des Parks, weit vom Ort entfernt.

Dennoch wird es dauern, bis der Tourismus im gewohnten Umfang wieder möglich ist. Einstweilen fehlt es an Betten, Unterkünften für Personal und verlässlichen Transportwegen. Brücken, Zeltplätze oder Wege müssen wiederhergestellt werden. Große Teile der Wälder sind verkohlt. An manchen Stellen lodert und schwelt das Feuer weiter und kann wieder aufflackern.

Irgendwann aber werden die Besucher wieder kommen, einige vielleicht schon diesen Winter. Auch die Natur wird sich erholen und die Berglandschaften werden grandios sein wie immer. Die Tiere werden aus ihren Verstecken schlüpfen und sich an den frischen Gräsern erfreuen, die der verschmorte Waldboden preisgibt. Irgendwann. Bis dahin braucht es vor allem eines: Geduld.

Die Fairmont Jasper Park Lodge am Lac Beauvert hat nur wenige Gebäude verloren und wird wiedereröffnen.

Nation Lakes in British Columbia

Im Land der großen Seen und Trapper

Autor: Achill Moser

Traumhafte Wildnis: In British Columbia gleitet unser Faltkajak über den Chuchi Lake, der zum Seenparadies der Nation Lakes zählt.

Im Freilichtmuseum von Fort St. James wird die Geschichte der frühen Trapper und Fallensteller lebendig.

Am nördlichen Ende des kanadischen Highway 27 liegt Fort St. James, eine Kleinstadt mit rund 1600 Einwohnern. Hier, im Zentrum von British Columbia, am Ufer des ausgedehnten Stuart Lake, in dem sich Regenbogenforellen und Seesaiblinge tummeln, stehen wir inmitten von historischen Holzhäusern, die als erste Siedlung gelten, die nicht indigenen Ursprungs war. Die uralten Hütten bildeten einst ein Fort, das der Pelzhändler und Entdecker Simon Fraser im Jahre 1806 für die North West Company gründete. Später ging die wehrhafte Anlage in den Besitz der Hudson Bay Company über, die an gleicher Stelle einen Fellhandelsposten einrichtete.

Rückblick

Im Laufe der Zeit wurden die zeitgenössischen Blockhütten restauriert und entsprechend ausgestattet. Eine Art Freilichtmuseum, in dem Geschichte lebendig wird und wir uns in jene Zeit zurückversetzt fühlen, als wetterharte Trapper und couragierte Kanufahrer hier Quartier bezogen, um ihre kostbaren Pelze zu Geld zu machen. Für 400 erbeutete Felle wurden damals im Schnitt zwischen 1000 und 2000 Dollar gezahlt. Noch heute leben in Kanada rund 400.000 Menschen als Trapper, oder sie sind indirekt mit dem Fang von Pelztieren beschäftig, wobei rund 60 Prozent der erbeuteten Pelze nach Europa gehen und dort weiterverarbeitet werden.

Nach der Gründung von Fort St. James galt dieser Ort als abgelegener Außenposten am Rand der noch unerschlossenen Welt, wo sich Trapper, Fallensteller und Voyageurs nach monatelanger Jagd trafen, ihre Erfahrungen in der Wildnis austauschten und mit dem Geld ihrer verkauften Tierfelle neue Vorräte, Werkzeuge, Waffen oder Whisky kauften. Manche blieben auch eine gewisse Zeit, übernachteten ein paar Tage

In dem ehemaligen Vorratsladen und Pelzdepot von Fort St. James verkauften die Trapper ihre Felle und deckten sich mit Vorräten oder Werkzeugen ein.

in den einfachen Quartieren, ehe sie mit ihren Pferden, Eseln oder gebrechlichen Birkenkanus wieder in die Weite zogen.

Vergangene Zeiten

Für jeden, den die junge Geschichte Kanadas interessiert, lohnt ein Besuch in diesem ehemaligen Handelsposten. Denn in den wiederhergestellten Holzhäusern, ob im Pelzdepot, im Vorratsladen oder in den Übernachtungsquartieren, erzählen Frauen oder Männer, die wie früher gekleidet sind, spannende Geschichten aus jener Zeit, als die Trapper in goldroten Indian Summern und klirrenden Schneesturmwintern auf die Jagd gingen. Es sind Geschichten, die uns in die Unberührtheit unbekannter Weiten hineinziehen, als Flüsse noch ohne Namen waren, Gipfel ohne Bezwinger – und niemand wusste, was einen jenseits des nächsten Hügels erwartet.

Seenparadies

Diese Unberührtheit der Wildnis suchen auch wir – und so fahren mein Sohn Aaron (32, Fotograf und Kameramann) und ich von Fort St. James im Geländewagen rund 100 Kilometer gen Norden. Wir folgen der Germanson Landing North Road, eine steinige Sandpiste, die uns zum Chuchi Lake führt. Hier erstrahlt der Himmel in hellem Blau – und vor uns liegt jene grandiose Unberührtheit, die uns in den kanadischen Norden gelockt hat. Angesichts des herrlich blauen Chuchi Lake, umgeben von grünen Wäldern, ist es nicht leicht, diesen Ort zu beschreiben. Wir belassen es bei einem „Wow!". Ein Stück ursprüngliche Natur, die berührt und sprachlos macht.

Seit frühester Zeit zählt der Chuchi Lake zu einem einzigartigen Seenparadies, das sich über eine Fläche von 20.000 Hektar erstreckt. Vier Seen (Tsayta, Indata, Tchentlo und Chuchi) sind hier durch den 200 Kilometer langen Nation River miteinander verbunden. 2004 wurden die Seen zum Nation Lakes Park. Ein grandioser Naturraum, in dem heute kaum mehr als hundert Menschen leben, zumeist First Nations.

Es gehört schon Mut und Pioniergeist dazu, um in dieser abgelegenen Wildnis ein Camp zu errichten. Daniel, ein 60-jähriger Schweizer, den wir am Chuchi Lake treffen, hat es getan. Wie eine Figur aus den Romanen von Jack London hat Daniel die Freude am Wagnis im Blut. Vor 25 Jahren ist er nach Kanada ausgewandert – und was er sich inmitten wilder Naturschönheit aufgebaut hat, ist bewundernswert.

Inmitten von dichten Wäldern liegen die Nation Lakes, die einen einzigartigen Naturraum bilden.

Auf einem Hügel am Ufer des Chuchi Lake errichtete der Schweizer Daniel eine Wilderness und Fishing Lodge.

Auf einem Hügel hoch über dem Chuchi Lake hat er nicht nur eine Wilderness und Fishing Lodge mit einem offenen Kamin errichtet, sondern noch einige recht komfortable Holzhütten gebaut, in denen mehrere Gäste untergebracht werden können. Es gibt elektrisches Licht per Generator sowie fließendes warmes und kaltes Wasser zum Duschen.

Wildlife und Natur pur

Am Abend sitzen wir mit Daniel auf seiner Terrasse und blicken über die dunkelblaue Wasserfläche des Chuchi Lake. Ein Schwarzbär schwimmt gemächlich durch den spiegelglatten See, während rundum absolute Stille herrscht. Deutlich nehmen wir die Ursprünglichkeit dieser abgeschiedenen Weltecke wahr. Wir spüren, wie alles so wartend dasteht, die Hügelketten, die Bäume, die dichten Sträucher – und über allem liegt eine sanfte Spannung. „Diese Stille und grandiose Natur war es", sagt Daniel, „die mich vor vielen Jahren in den Norden Kanadas lockte." Wir nicken zustimmend, denn dieses Wildland ist eine ganz andere Welt, eine höhere Form von Wirklichkeit.

Anderntags versorgt uns Daniel mit Proviant, ehe wir mit unserem vollgepackten Faltkajak hinaus auf die Nation Lakes paddeln, hinein in eine Wildnis, die uns Tag für Tag begeistert. Herrlich ist es, wenn wir lautlos über die weiträumigen Seen dahingleiten und jeder Sonnenstrahl, jede Wolke die Wasseroberfläche färbt – mal türkisblau, olivgrün oder dunkelgrau. Weißkopfseeadler sind unsere ständigen Begleiter, die mit einer Flügelspannweite von gut anderthalb Metern majestätisch durch die Lüfte schweben. Hin und wieder schwimmen ruffreudige Kanadagänse neben unserem Boot – oder ein Biber taucht mit seinem abgeplatteten Schwanz unter unserm Kiel hindurch. Und wenn wir von unserm Kajak zu den dicht bewaldeten Ufern blicken, entdecken wir manchmal einen Elch, einen Wolf oder einen Schwarzbären.

Wenn die Sonne langsam hinter die Waldhügel entschwindet, suchen wir uns einen geeigneten Platz zum Übernachten, errichten am Ufer unser Zelt und bereichern unsere Speisekarte mit einem frisch gefangenen Fisch, den wir über dem Feuer zubereiten. Später am Abend ziehen Nebel über die Seen. Dann wärmen wir

uns am flackernden Lagerfeuer, lauschen dem Heulen der Wölfe und schauen zum Nachthimmel hinauf, wo irgendwann die grünvioletten Nordlichter, die Aurora borealis, tanzen. Wehende Himmelstücher, hell leuchtend, die über die dunkelblaue Weite flattern. Überwältigend.

Im Land der Bären

Nach einer Woche auf den Nation Lakes treffen wir mitten im Wald den 80-jährigen Kanadier Terry, der uns warmherzig in seine einsam gelegene Blockhütte einlädt. In dem dreißig Quadratmeter großen Raum ist alles aufs Wesentliche reduziert: ein Tisch, ein Bett, ein gusseiserner Ofen, ein Herd, ein großer Schrank und ein paar Petroleumlampen. An einer Wand entdecken wir das Fell eines kapitalen Schwarzbären, der eines Tages, als Terry zum Glück im Wald unterwegs war, durch ein Fenster in seine Hütte eindrang, nach etwas Essbarem suchte und alles verwüstete. Drei Tage und Nächte hielt Terry Wache – und als er am vierten Tag schlafen gehen wollte, stand der Bär erneut vor seiner Hütte. Jetzt hängt sein Fell an der Wand. „Seit diesem Erlebnis lege ich jeden Abend meterbreite Nagelbretter vor die Fenster und die Eingangstür – ein Schutz gegen hungrige Bären," sagt Terry lachend und streicht mit den Fingern über seinen grauen Vollbart.

Bei einem heißen Kaffee aus der Thermoskanne erfahren wir von Terry, dass er bis zu seinem Rentenalter als Lehrer in Prince George tätig war. Mittlerweile lebt er als Trapper und Fallensteller, wenngleich ihn Rheuma und Gicht plagen, was man seinen Händen ansieht. Seit Jahren verfügt er über eine Jagd- und Trapline-Lizenz, die es ihm erlaubt, seine Fallen in einem Gebiet von 30 Kilometern aufzustellen.

Diese Fallen will uns Terry zeigen – und so führt er uns auf seiner Trapline querfeldein durch den Wald. Plötzlich bleibt er stehen und deutet auf einige tiefe Abdrücke im feuchten Waldboden. „Frische Wolfspuren", flüstert er – und wenig später tritt ein Wolf aus dem Unterholz. Misstrauisch beobachtet er uns eine ganze Weile, ehe er im dichten Grün verschwindet.

Auf der Jagd

Dann stehen wir vor einigen Marder- und Nerzfallen, die Terry in einer Höhe von zwei Metern an einigen Baumstämmen befestigt hat. Es sind sogenannte Fang-

Nachts leuchten die grünvioletten Nordlichter über dem Biwak.

Der 80-jährige Kanadier Terry, der in einer einsamen Blockhütte wohnt, liebt das Leben als Trapper und Fallensteller.

In der orangeroten Abenddämmerung spiegeln sich die schwarzen Waldsilhouetten in den Nation Lakes.

bunker, unter denen ein Stock mit einem speziellen Lockstoff für die Tiere steckt. Das Aufstellen der Fallen ist harte und kraftraubende Arbeit, vor allem im Winter, wenn Terry über viele Kilometer von Falle zu Falle durch die arktische Kälte stapft, an den Stiefeln die Schneeschuhe aus Holz, die mit einem Netz aus Leder bespannt sind. Das Geld, das er gelegentlich für die erbeuteten Felle bekommt, ist ihm nicht wichtig. „Ich liebe das Trapperleben, bin glücklich und entbehre nichts", sagt er zum Abschied, ein Mensch, der sich in der Wildnis gefunden hat.

An unserem letzten Abend sitzen wir wieder am Ufer des Chuchi Lake. Unter einem traumhaften Sternenhimmel schauen wir über das glitzernde Wasser, das sich wie ein Teppich vor uns ausbreitet. Ein sanfter Wind bewegt die Zweige der Bäume, von denen etwas Märchenhaftes ausgeht. Wir sprechen kein Wort, fühlen uns auf seltsame Weise in der Natur geborgen – und ich frage mich, ob diese Empfindung vielleicht „hoscho" ist, so bezeichnen die Navajos, die ich vor Jahren in Arizona besuchte, jenen Zustand, wenn man mit Vater Himmel und Mutter Erde in Einklang ist.

ANREISE

Zum Chuchi Lake (Nation Lakes) per Flug nach Prince George, Weiterfahrt per Geländewagen über den Yellowhead Highway in Richtung Nordwesten. Insgesamt eine Strecke von 267 Kilometer, ab der letzten Teerstraße rund 120 Kilometer über eine Schotterpiste.

UNTERKUNFT

Der Schweizer Daniel Dietiker bietet Blockhütten (*chuchilakeoutdoors.com*) direkt am Chuchi Lake an, ebenso Kanus für eine Paddeltour. Blockhütte für zwei Personen pro Woche ab 890 CAD pro Person.

AKTIVITÄTEN

Nation Lakes Provincial Park:

bcparks.ca/nation-lakes-park

Freilichtmuseum in Fort St. James: zwischen Mitte Mai und Anfang September täglich geöffnet, Erwachsene 9 CAD; 280 Kwah Rd. West, Fort St. James, BC V0J 1P0, *parks.canada.ca/lhn-nhs/bc/stjames*

DKG Journal

Magazin der Deutsch-Kanadischen Gesellschaft e.V. Ausgabe: 3/2024

KANADAS KUNSTWELT
MALEREI
FILM UND FERNSEHEN
INDIGENE KUNST
FOTOGRAFIE

LIEBE DKG-MITGLIEDER,
LIEBE KANADA-FREUNDINNEN
UND KANADA-FREUNDE

Die Einbände vieler kanadabezogener Publikationen greifen auf Gemälde der berühmten „Group of Seven" (G7) zurück, stehen deren Arbeiten doch mehr oder weniger als Synonym für eine Bilderwelt, die auch unsere eigene Wahrnehmung des kanadischen Naturraums nachhaltig geprägt hat. Mit dem Coverbild der aktuellen Ausgabe des DKG Journals ist die Redaktion bewusst von dieser Praxis abgewichen und hat ein Werk des amerikanischen Künstlers Barnett Newman, das dieser als Auftragsarbeit für die Montréaler Expo (1967) angefertigt hatte und das seither in der National Gallery of Canada (Ottawa) ‚begutachtet' werden kann, ausgewählt. Als das Museum im Jahr 1990 die großflächige Leinwand mit dem Titel „Voice of Fire" für 1,76 Millionen Dollar als Dauerexponat ankaufte, löste dies zunächst heftigen Protest aus. Warum hatte man das Geld nicht in ein originär-kanadisches Kunstwerk investiert? Zugleich belegt die Geschichte von „Voice of Fire" aber auch, welche internationale und diversifizierte Kunstwelt die Besucher in Kanadas Nationalgalerie vorfinden.

Das vorliegende DKG Journal widmet sich ebenfalls einer weitgefächerten Bandbreite künstlerischer Arbeiten. Vorrangig bedacht werden Werke, die sich in besonders augenfälliger Weise Kanadas angenommen und das riesige Land mit seiner beeindruckenden Bevölkerungsvielfalt zugleich auch zum Gegenstand der gattungsmäßig ganz unterschiedlichen Darstellungen gemacht haben. Neben der bildenden Kunst mit einem besonderen Schwerpunkt auf der Malerei rücken Film und Fernsehen sowie die Tätigkeit Indigener Künstlerinnen und Künstler in den Fokus. Die kanadische Musik wird nicht näher in Augenschein genommen, da die Beiträge des DKG Journals 4/2023 diesen Kunstbereich bereits übergreifend behandelt haben. Ergänzt wird der Themenschwerpunkt des Heftes durch einen Kurzbeitrag über ein spezielles Fotoprojekt sowie durch den Rückblick auf das Jahrestreffen der DKG in München.

Der Eröffnungsbeitrag schlägt einen Bogen von den Anfängen der kanadischen Malerei im 17. Jahrhundert zu Reisemalern des 19. Jahrhunderts wie Paul Kane und Cornelius David Krieghoff bzw. zu Künstlerinnen und

Künstlern des 20. Jahrhunderts in der Nachfolge der G7 um Tom Thomson, Lawren Harris, Emily Carr et al. und der Montréaler „Automatisten" um Paul-Émile Borduas. In der Folge werden Entwicklungsstränge und typische Erscheinungsformen des kanadischen Gegenwartsfilms quasi im Zeitraffer herausgestellt, wobei die Arbeiten von Filmschaffenden aus Québec, aus dem anglophonen Raum, aber auch von Produzentinnen und Produzenten bzw. Regisseurinnen und Regisseuren mit Migrationshintergrund oder Indigenen Wurzeln aufgeführt werden.

Die Bedeutung der Canadian Broadcasting Corporation (CBC) für die Entwicklung des kanadischen Fernsehens sowie eine vignettenartige Vorstellung besonders populärer TV-Produktionen rückt dann die jederzeit heimisch verfügbare Unterhaltungskunst in den Fokus. Als ethnisch polyvalente Gesellschaft spiegelt Kanada seine Multikulturalität auch in den künstlerischen Aktivitäten der unterschiedlichen Bevölkerungsgruppen wider. In diesem Heft wird stellvertretend das Kunstverständnis von Angehörigen der First Nations etwas näher in den Blick genommen.

Ich wünsche ich Ihnen viel Vergnügen bei der Lektüre.

Ihr

Wolfgang Klooß

Wolfgang Klooß, vormals Direktor des Zentrums für Kanada-Studien an der Universität Trier und Präsident der Gesellschaft für Kanada-Studien, gehört der Redaktion des DKG-Journals an. Für seine Forschungen zur Kanadistik erhielt er den Governor General's Award und wurde in die Royal Society of Canada aufgenommen. Er ist DKG-Ehrenpreisträger.

Das Museum of History in Ottawa

KANADA IM BILD

STATIONEN DER KANADISCHEN MALEREI VON DER KOLONIALZEIT BIS ZUR GEGENWART

(wk) Wann immer die Rede von kanadischer Kunst, genauer: kanadischer Malerei, ist, kommt unweigerlich die berühmte „Group of Seven" (G7) ins Blickfeld, hat sie doch nicht zuletzt das Eigenbild, aber auch unsere Wahrnehmung Kanadas mit ihren Bildern geprägt. Damit ist ein kreatives Schaffen angesprochen, das in die ersten Dekaden des 20. Jahrhunderts fällt. Natürlich gab es auch schon zuvor künstlerische Aktivitäten in Kanada. Bilder, Skulpturen, aber auch andere Artefakte, wie auch immer funktionalisiert – als Wegweiser, rituelles Dekorum, mythische Ausdrucksform etc. –, lassen sich bis in die Zeit der ersten Migrationen vor ca. 25.000 Jahren aus dem Nordosten Asiens über die Beringsee zurückverfolgen. Im Folgenden soll es allerdings vorrangig um Skizzen, Zeichnungen, Gemälde sowie mit der europäischen Einwanderung eingeführte Darstellungsweisen und nur randständig um Indigene Bildformate gehen.

Chronologisch gesehen, verdient zunächst Hughes Pommier (1637-86) der Erwähnung. Er wirkte von 1664-69 als Priester in Québec, wo er einige religiös inspirierte Bilder anfertigte und so die ,europäische' Malerei in Kanada begründete. Insgesamt lassen sich aber

nur wenige Kunstwerke aus der französischen Kolonialzeit exakt zuweisen (vgl. etwa „La France apportant la foi aux Indiens de la Nouvelle-France", möglicher-

Maler Frère Luc

weise von der Staffelei des Franziskanermönchs Frère Luc [1614-85]), wie überhaupt anzunehmen ist, dass ein Großteil der thematisch in Québec angesiedelten, von den Stilformen des Barock geprägten Gemälde tatsächlich in Frankreich entstanden ist. Mit der fortschreitenden Besiedlung wichen dann religiöse zunehmend säkularisierten Inhalten in der Kunst. Die Maler waren häufig Handwerker, die bei der Ausgestaltung von Kirchen mitgewirkt hatten und nun ihr Talent Votivtafeln und einfachen Portraits widmeten.

Nach der Beendigung des Siebenjährigen Krieges mit dem Sieg der Briten über die Franzosen (Frieden von Paris 1763) verweltlichten die Kunstmotive weiter. In Halifax wurde 1787 der „Chess, Pencil and Brush Club" ins Leben gerufen. Hier ließ sich 1808 auch der Engländer Robert Field (1769-1819) nieder. Ausgebildet an der Londoner „Royal Academy School" (RAS), war er der erste Berufsmaler Kanadas. Sein Œuvre umfasste Miniaturen und Personendarstellungen im Stil des großen englischen Portraitisten Joshua Reynolds (1723-92).

Neben sakralen Sujets und Portraits bestimmte eine dritte Themengruppe die Malerei der Kolonialzeit: Natur- und Landschaftsdarstellungen – in der Regel von Angehörigen der englischen Armee erstellt. So hat etwa James Cockburn (1779-1847), ein Oberstleutnant, ein ganzes Arsenal von Aquarellen mit Ansichten der Garnisonsstadt Québec und mit Motiven von seinen Reisen entlang des Sankt-Lorenz-Stroms hinterlassen. Seine Vita spiegelt exemplarisch die für das ausgehende 18. und das 19. Jahrhundert zu konstatierende Verbindung zwischen der besiedlungsgeschichtlichen und bildlichen Erschließung Kanadas.

Als die 1847 gegründete „Toronto Society of Arts" im selben Jahr mit einer Ausstellung aufwartete, waren auch Werke von Paul Kane (1810-71) unter den Exponaten. Aus heutiger Sicht gehört der irisch-kanadische Künstler zu den bedeutendsten Malern Kanadas im 19. Jahrhundert. Seine Wertschätzung gründet auf den vielen Darstellungen von Angehörigen der First Nations, die er auf seinen Reisen portraitierte und die nicht nur die (Fremd)wahrnehmung des Indigenen Kanada beeinflusst, sondern auch für die Ethnologen eine wichtige Informationsquelle abgegeben haben. Kane wendete sich so in seinem Œuvre von klassischen Motiven mit einer europäisch-kulturellen Signatur ab und machte eine besondere *nordamerikanische* bzw. *kanadische* Lebenswelt zum Gegenstand seiner künstlerischen Tätigkeit.

Maler Paul Kane

Dies gilt auch für die Arbeiten des in Amsterdam geborenen, nach Montréal ausgewanderten Cornelius David Krieghoff (1815-72), der neben der bäuerlichen Bevölkerung Québecs die im Kahnawake-Reservat lebenden Mohawk in seinen Zeichnungen und Gemälden abbildete. Und der gebürtige Schweizer Peter Rindisbacher (1806-34), der sich 1821 als erster europäischer Maler im kanadischen Westen, in der Red River Kolonie nahe des späteren Winnipeg, niedergelassen hatte, machte neben der lokalen Fauna ebenfalls die dortige Indigene Bevölkerung zum Gegenstand von Aquarellen und Zeichnungen.

Maler Cornelius David Krieghoff

Wenn die Arbeiten von Reisemalern wichtige Stationen innerhalb einer institutionell noch kaum existenten Kunstwelt markierten, so spielte in diesem Zusammenhang die transkontinentale Canadian Pacific Railway (CPR; 1885 fertiggestellt) eine maßgebliche Rolle, ermöglichte sie doch vielen Künstlern den Zugang zu für sie neue, ferne Regionen des weiträumigen Landes, getreu des kanadischen Nationalmottos „a mari usque ad mare". Mit der 1880 in Ottawa etablierten, der Londoner RAS nachempfundenen „Royal Canadian Academy of Arts" (RCA) und der zwei Jahre später ebenfalls in Ottawa eingerichteten „National Gallery of Canada" wurden dann Foren geschaffen, die als Ausdruck einer zunehmenden Professionalisierung des kanadischen Kunstschaffens begriffen werden können. Zum ersten Präsidenten der RCA wurde der für seine großflächigen, majestätischen Landschaftsbilder gefeierte Lucius R. O'Brian (1832-99), ein Kanadier aus Shanty Bay, Ontario, gewählt. Auch die übrigen Mitglieder der RCA waren fast ausnahmslos Landschaftsmaler – viele von ihnen britischer Herkunft. Die Eisenbahn brachte sie bis in die Rocky Mountains, die zu einem wiederkehrenden Sujet wurden, während die CPR als herausragende technische Innovation ganz im Sinne des ikonischen Gemäldes „Rain, Steam and Speed – The Great Western Railway" (1844) des Engländers William Turner (1775-1851) auch in Kanada zum uneingeschränkten Symbol des technischen Fortschritts und der Zukunft geriet.

Nachdem 1882 die „National Gallery of Art" in Ottawa eröffnet worden war, die vorrangig aus England immigrierte Landschaftsmaler ausstellte, von denen sich manche von der amerikanischen „Hudson River School" und deren Aquarelltechniken beeinflusst zeigten, zog es in der Folge zahlreiche kanadische Künstler nach Paris, dem aufstrebenden Mekka der Moderne. Hier schworen Maler wie Robert Harris (1849-1919), George Reid (1860-1947) oder William Brymner (1855-1925) topografischen Darstellungen ab und wandten sich großformatigen figurativen Bildern zu, mit denen insbesondere Brymner als Kunstlehrer während der nächsten dreißig Jahre den Akademiestil in der Heimat beeinflusste.

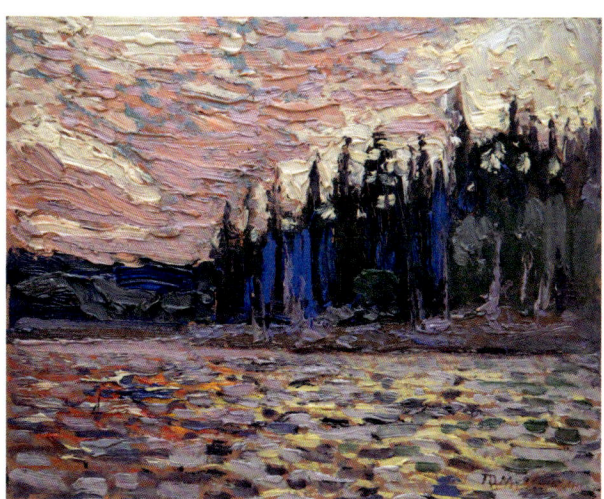

Maler Lawren Harris

Nach der Jahrhundertwende entwickelte sich die kanadische Kunst dann in zwei Richtungen, die unter dem Einfluss der „Automatisten" in Montréal und der G7 in Toronto standen. Den Gemälden der ‚Gentlemen-Maler' um Franklin Carmichael (1915-45), Lawren Harris (1885-1970), Arthur Lismer (1885-1969) et al. eignet insofern eine besondere kanadische Signatur, als sie als künstlerischer Ausdruck von Kanadas Weg zur Selbstfindung im ausgehende 19. und den ersten Dekaden des 20. Jahrhunderts begriffen werden können (siehe auch https://www.dkg-online.de/wp-content/uploads/2021/04/Klooss-Group-of-Seven-.pdf).

Die Künstler hatten seinerzeit Toronto verlassen, um jenseits der Großstadt an der Georgian Bay und im Algonquin Park ihre Themen zu suchen, Anregungen für eine eigene kanadische Bildersprache zu bekommen und ein neues Idiom zu finden, das die Einmaligkeit Kanadas darzustellen vermochte. Es galt, eine vitale Kunst zu schaffen, die sich weniger europäischen Impulsen verdankte, denn auf das besann, was die Heimat zu bieten hatte. Mit der Künstlergruppe waren als ihr Wegbereiter und spiritus rector der Gebrauchsgraphiker und spätere Maler Tom Thomson (1877-1917) sowie die aus Victoria stammende, ethnologisch interessierte Emily Carr (1871-1945) eng assoziiert. In Carrs Werken rückten vor allem die Regenwälder und Indigenen Dörfer an der pazifischen Küste, der Heimat der First Nations von British Columbia, in den Fokus. Thomson lebte als Wildhüter und Touristenführer die meiste Zeit im Algonquin Park. In fast legendenhafter Verklärung wurde ihm zugeschrieben, im Laurentian Shield dem kanadischen Wesen nähergekommen zu sein als jemals ein Künstler zuvor. Die Malergemeinschaft wendete sich in der Folge den regional unterschiedlichen Erscheinungsformen des Landes zu, die sie mittels nach-impressionistischer bzw. expressionistischer Darstellungsformen in einer bis dato in Kanada nicht gekannten Weise dem Betrachter vor Augen führte. Traditionelles Sujet und modernistische Form wurden so in den Bilderwelten der G7 miteinander verwoben. Die einheimische Natur fungierte zudem für die Künstler als Katalysator auf deren Weg zur Selbstentdeckung, während gleichzeitig die Stadt zum Lebensraum der meisten Kanadier wurde.

Programmatisch von Paul Émile Borduas (1905-60) angeleitet, der an der „École du Meuble" in Montréal lehrte, wirkten dann ab den späten 1940er und in den 1950er Jahren in Québec die vom französischen Surrealismus bzw. dadaistischen Anti-Rationalismus inspirierten „Automatisten" – ein der abstrakten Malerei

Maler Paul Emile Borduas

Borduas und seine Anhänger, unter ihnen auch Jean-Paul Riopelle (1923-2002), der auf der Kasseler documenta II (1959) und III (1964) vertreten war und dem ein eigener Pavillon im „Musée national des beaux-arts du Québec" gewidmet ist, stellten sich nicht nur gegen eine intellektualisierte Kunst, sondern auch gegen das klerikal bestimmte Normen- und Wertesystem Québecs unter der Ägide von Premier Maurice Duplessis (1936-39 und 1944-59). Mit ihrem Manifest „Refus Global" (1948) löste die Gruppe einen Sturm der Entrüstung aus. Borduas wurde sofort aus seinem Lehramt entlassen. Die Bewegung geriet zum Vorläufer der „Révolution tranquille" der 1960er und 1970er Jahre, die den Modernisierungsprozess Québecs einleitete.

verschriebener Gegenpol zur G7. Sie vertraten eine Ästhetik, die der Vernunft abschwor und stattdessen eine von Spontaneität und dem Unbewussten gespeiste ‚zufällige' Kunstproduktion favorisierte, wie dies schon der Autor André Breton (1896-1966) in seinem „Manifeste du surréalisme" (1942) gefordert hatte.

Nach dem Wirken der G7 und der „Automatisten" hat sich dann innerhalb dieser künstlerischen Gegenpole in Kanadas Malerei eine breite Palette unterschiedlicher, auch von Indigenen Einflüssen geprägten Strömungen und Stilformen entwickelt, die oftmals regionale sowie kulturspezifische Komponenten aufweisen. Diese Entwicklung dokumentieren u.a. die Werke von aus den Prärieprovinzen stammenden Malerinnen und Malern. In „Western Voices in Canadian Art" (2023) weist die bekannte Kuratorin und Kunstkritikerin Patricia Bovey dem Konzept der Landschaft und des Raumes drei Bedeutungsebenen zu – Landschaft als Geschichte, Landschaft als Ort, Landschaft als spirtueller Raum – und stellt in diesem Zusammenhang die Bedeutung der 1972 in Winnipeg gegründeten „Indigenous Group of Seven" besonders heraus. Die kanadische Gegenwartskunst habe durch die auch international hofierten Maler Jackson Beardy (1944-84), Eddy Cobiness (1933-96), Alex Janvier (*1935), Norval Morrisseau (1932-2007), Daphne Odjig (1919-2016), Carl Ray (1943-78) und Joseph Sanchez (*1948) ganz neue Impulse erhal-

Maler Jean-Paul Riopelle

Häuserwand in Quebec

ten. Der als ‚Picasso des Nordens' und als Gründer der „Woodlands School of Canadian Art" gefeierte Anishinaabe Morrisseau habe z.B. in seinen Gemälden in politisierender Weise Indigene Mythen und Legenden in ein Spannungsverhältnis mit den kulturellen Werten Europas gesetzt und so bildnerische Aufklärungsarbeit geleistet.

Maler Norval Morrisseau

Politisch ausgerichtet ist auch das umfangreiche Œuvre anderer, im kanadischen Westen beheimateter Malerinnen und Maler, die Umweltfragen, den Klimawandel oder die sozialen Folgen der COVID-Pandemie thematisieren. Dies gilt für die Werke von Doug Morton (1926-2004), Robert Bateman (*1930), Angus Shortt (1908-2006) oder Aganetha Dyck (*1937) genauso wie für das Kunstschaffen von Grace Nickel (*1956) und Carole Sabiston (*1939), aber auch für die Arbeiten der

Autorin Shirley Brown (*1989), die ihren Erzählungen mittels multimedialer Darstellungsformen zugleich visuellen Ausdruck verleiht.

Die Bilder der hier stellvertretend genannten Künstlerinnen und Künstler repräsentieren exemplarisch das breite Tableau ganz unterschiedlicher Arbeiten, mit der die kanadische Gegenwartsmalerei längst auch international zu reüssieren weiß.

CANADIAN FILM IN THE TWENTY-FIRST CENTURY

The Canadian Film Industry began the new millennium on a high note. In a list compiled in 2015 by the Toronto International Film Festival (TIFF), three films by newly emerging filmmakers placed in the top ten of all time: *Atanarjuat: The Fast Runner* (2001) by Zacharias Kunuk, *C.R.A.Z.Y.* (2005) by Jean-Marc Vallée, and *Stories We Tell* (2012) by Sarah Polley. Veteran filmmaker Guy Maddin's *My Winnipeg* (2007) was the fourth.

Atanarjuat, the first Canadian film made entirely in the Inuktituk language, is based on an ancient legend about a man who must flee barefoot and naked from the evil son of his group's leader. Kunuk has been able to make a dozen features in Nunavut since *Atanarjuat*. His success has opened up the industry to other Inuit filmmakers – like Althea Arnaquq-Baril who made *Angry Inuk* in 2016. Canada, and especially the National Film Board, have been working hard to train and fund Indigenous and other minority filmmakers.

C.R.A.Z.Y. is a comedy/drama about a teenager whose confusion about his sexuality puts him in conflict with his large Canadian-Catholic family. Unfortunately for the Canadian industry, Vallée was quickly recruited by Hollywood where he directed the major motion pictures *Dallas Buyer's Club* and *Wild* before his untimely death.

Sarah Polley

James Cameron

In *Stories We Tell* Sarah Polley uses a creative documentary format to tell the story of her upbringing in a very strange family. Like Vallée, she too "went Hollywood," choosing to finance, cast, promote, and distribute her adaptation of Winnipegger Miriam Toews's novel *Women Talking* (2018) in Los Angeles.

Since it's so difficult to get films financed, produced and appreciated in Canada, it's easy to see why some directors would take up these opportunities and challenges. Other Canadians who've gone before and succeeded spectacularly as directors in Hollywood include Norman Jewison, James Cameron, Nia Vardalos, Ivan and Jason Reitman, and Shawn Levy. Joining them recently is Denis Villeneuve (maker of Hollywood blockbusters such as *Blade Runner 2049* and the *Dune* trilogy) whose stunning Canadian features *Polytechnique* (2009), about a mass killing in a school, and *Incendies* (2010), set in a troubled middle eastern country, established new standards for dealing with controversial topics.

Some of the directors who've stayed to work in Canada have switched almost entirely to made-for-tv movies or streaming services' series. Two famous examples are Charles Binamé, who made *The Rocket* (2005), a widely popular bio-pic about one of Canada's greatest hockey players, and Eric Canuel whose *Bon Cop Bad Cop* (2006), about a stiff Ontario cop matched with a wild Quebecer, generated enough sales and acclaim to warrant a follow-up. They have both worked exclusively in television since.

Of the Canadian directors that achieved distinction in the latter part of the twentieth century, only rarely have they done outstanding work since then. Atom Egoyan, internationally renowned for *Exotica* (1994) and *The Sweet Hereafter* (1997) has turned mainly to directing operas, teaching, and internationally financed projects, scripts and casts; his filmmaking skills have not diminished, but the results have not gained much favor. Denys Arcand's *Barbarian Invasions* (2003), focusing on an aging roué's terminal stay in a Montreal hospital, stands out, but his follow-up film *The Fall of the American Empire* (2018) is a disappointment. He's done nothing since.

Once reliant on funding from Telefilm Canada, the nation's principal supporter of Canadian films, and dedicated to filming in his home province of Ontario, David Cronenberg has, like Egoyan, turned to international projects in the new century. This has resulted in three highly-regarded films: *A History of Violence* (2005), *Eastern Promises* (2007), and *A Dangerous Method* (2011). Since then he has written a novel and done more acting than filmmaking; *The Shrouds* (2024), in his words "my most personal film," is said to be his last.

Deepa Mehta

Three other Canadian veterans with award-winning films from the previous century, Bruce McDonald, Deepa Mehta, and Guy Maddin, have stayed active up to the present. McDonald remains a genre filmmaker focused on Canada. His *The Tracey Fragments* (2007), a non-linear psychological drama about a girl's search for her brother, won the Martin Salzgeber Prize for "innovative filmmaking" at the Berlin International Film Festival and several other awards elsewhere; *Pontypool* (2008), a horror/thriller about a small town coping with a strange virus, won a Genie Award (Canada's equivalent to the Oscars or Germany's Lolas) for best feature.

Deepa Mehta is an India-born Canadian, the country's most internationally-focussed filmmaker. Best known for her Elements Trilogy – *Fire* (1996), *Earth* (1998), and *Water* (2005), Mehta has been a director, writer, and producer of films made in India and Canada. Her film *Bollywood/Hollywood* (2002) gently spoofs Indian stereotypes; otherwise her films can be critical and controversial, such as in *Anatomy of Violence* (2016), an examination of the 2012 Delhi gang rape and murder.

Eccentric filmmaker Guy Maddin, whose strange stories and retro-1920s style have captivated film fans internationally, rescued his flagging career in 2000 with a short film called *The Heart of the World*, one of almost thirty shorts made by him over the years. Since then he's gone on to make two of his most honored features: *The Saddest Music in the World* (2003), about a brewery-sponsored contest, and *My Winnipeg* (2007) which he termed a "docu-fantasy." His most recent films have been with co-directors Galen and Evan Johnson, including *Rumours* which premiered to applause at the 2024 Cannes Film Festival. Maddin has been supported throughout his career by the Winnipeg Film Group, one of the few still fully-functioning regional co-ops in the country.

COVID and the dual American industry strikes (the Writer's Guild and SAG-AFTRA) also deeply affected the Canadian film industry. Miraculously, it survives.

Three of the most promising young directors for its future are Xavier Dolan, Matt Rankin, and Matt Johnson. Dolan has been the darling of the festival circuit since his debut film *I Killed My Mother*, a vaguely autobiographical study which won three awards at Cannes in 2009. He has worked steadily since then, with other critical successes *Mommy* (2014) and *It's Only the End of the World* (2016). Matt Rankin, originally connected to the Winnipeg Film Group, has followed up his 2019 comedy *The Twentieth Century* – about William

Xavier Dolan

Lyon Mackenzie King with *Universal Language* which he calls "a surreal comedy of disorientation." Until recently, Matt Johnson was a low-budget filmmaker; but his 2023 film *BlackBerry*, a comedy about the rise and fall of a tech company, was nominated for a record seventeen awards at the Genie Awards and launched Johnson into the Canadian film stratosphere.

Canadian cinema, always a precarious venture, struggles on.

Gene Walz is a retired professor of Film Studies at the University of Manitoba. He has authored many articles on Canadian film and edited three anthologies. He has also published books on film and birding.

Hockey Night in Canada @Maple Leaf Gardens, Toronto, bis 1999

SPIELEN UND SPOTTEN, LEBEN UND LEIDEN

DAS FERNSEHEN DER CBC

Es ist einfach Tradition: Seit 1936 heißt es am Samstagabend: *Hockey Night in Canada*. Zunächst im Radio und ab 1952 im damals noch jungen und exklusiven, weil anfangs teuren Fernsehen. Der Canadian Broadcasting Corporation (CBC) sei Dank. Gerne wurde ein Feuerchen im Kamin angezündet, wenn sich die Familie um den Fernseher im Rec-Room oder Wohnzimmer versammelte. Für Millionen von Kanadiern war die *HNIC* über Jahrzehnte ungefähr so wie *ARD-Sportschau* und *ZDF-Sportstudio* „rolled into one." Es galt, Legenden zu erleben, auf dem Eis und am Mikrofon. Foster Hewitt und sein Sohn Bill kommentierten, auf dem Eis wollten die Zuschauer ihre sportlichen Helden beim schnellen, harten Spiel mit Stock und Puck bewundern. Legendäre Spieler wie Jean Béliveau von den Montréal Canadians, Gor-

die Howe (Detroit Red Wings), Bobby Hull (Chicago Black Hawks), Bobby Orr (Boston Bruins), Tim Horton (Toronto Maple Leafs und ja, der Gründer von „Timmies") oder Wayne Gretzky (Edmonton Oilers). Obwohl die Übertragungsrechte für die Spiele der National Hockey League, der NHL, heute bei Rogers Communications liegen, sendet die CBC ihre *Hockey Night in Canada* ungebrochen weiter.

Die CBC schaffte es, an anderen Wochentagen im Abendprogramm Millionen von Zuschauern mit Sendungen wie *Reach for the Top* oder *Front Page Challenge* zu fesseln, die mit einer gekonnten Mischung von Unterhaltung und Information sowie markanten Persönlichkeiten als Moderatoren und Gästen über Jahre die Zuschauer anzogen.

Für die Kinder adaptierten die Programmmacher 1954 eine amerikanische Serie, die sich um die Abenteuer ihrer Titelfigur Howdy Doody rankte, einer einem kleinen Jungen mit vielen Sommersprossen nachempfundenen Marionette. Während die Originalausgabe im Zirkus- und Westernmileu spielte, rankten sich die Geschichten der CBC-Produktion um das Leben im Norden Kanadas. Sie bekam zudem einen stärker pädagogischen Charakter. Das kanadische *Howdy Doody* wurde bereits 1959 wieder eingestellt, weil die Fernsehchefs eigene Formate für die Kinder entwickeln wollten.

Die Kanadier haben übrigens nicht nur von den USA abgeguckt, sie haben auch Eigenproduktionen erfolgreich bei den Nachbarn vermarktet. Beispiele sind die bahnbrechende *Degrassi-Serienfamilie* und *Kids in the Hall*. Eine Truppe von kanadischen Comedians brachte zum Teil recht gewagtes Material in die Wohnzimmer, das in den US-Sendungen bei HBO oder CBS gern noch eine Nummer schärfer ausfiel. Entdeckt und zum ersten Mal ins Fernsehen gebracht wurden *Kids in the Hall* von einem der einflussreichsten Comedy-Schwergewichte Nordamerikas, dem in Toronto geborenen Lorne Michaels, der vor allem als Produzent von *Saturday Night Live* (NBC) berühmt geworden ist.

Noch berühmter und erfolgreicher, auch international, wurde das *Degrassi*-Projekt. Aus bescheidenen Anfängen und der Idee von Linda Schulyer, einer Lehrerin an einer Schule in Torontos East End, das konfliktreiche Alltagsleben von Schülern zu verfilmen, entwickelte sich die bis heute am längsten laufende Drama-Serie Kanadas. Linda Schulyer blieb als Macherin in der Rolle der Co-Produzentin der Hit-Serienfamilie *Degrassi* dabei. Thematisiert und realistisch dargestellt wurden etwa Abtreibung, Schwangerschaften von Schülerinnen sowie gleichgeschlechtliche Liebe. Die einzelnen Serien zwischen 1979 und 2017 – *The Kids of Degrassi-Street*, *Degrassi Junior High*, *Degrassi High*, *Degrassi: The Next Generation* und *Degrassi: Next*

Linda Schulyer, Co-Produzentin des Degrassi-Franchise, mit Peabody Award 2011

Class – schildern die Leben, Lieben und Leiden von kanadischen Kindern und Teenagern, stets mit dem Anspruch auf die Abbildung universeller Themen, mit denen sich Jugendliche konfrontiert sehen und die sie bewältigen müssen: Politik, Soziales, Gesellschaft – das darf nicht verwundern.

Die CBC wurde 1936 gegründet. Ein Hintergrund für die Schaffung eines staatlich gelenkten Angebots war, der Bevölkerung eine heimische Alternative zu in Kanada empfangbaren amerikanischen Radio-Sendungen zu bieten, um die Identifikation mit dem eigenen Land zu fördern. Wichtig waren Angebote sowohl für Anglo- als auch für Franco-Kanadier in englisch bzw. französisch. Das stand zunächst auch beim Start des Fernsehens 1952 im Vordergrund. Eine Rolle spielte außerdem Wirtschaftsförderung. Die Regierung war daran interessiert, dass Hersteller und Einzelhändler vom Verkauf neuer TV-Apparate profitierten.

Englisch firmiert die CBC unter Canadian Broadcasting Corporation, französisch unter Radio Canada (Offiziell: Société Radio-Canada, SRC).

Eine besondere Pointe der Entwicklungsgeschichte Kanadas und der CBC findet man im „geteilten" Personaltableau. Drei Governors General haben vorher als Journalistinnen bei der CBC gearbeitet, vor der Kamera. Also an prominenter Stelle, als populäre, kompetente und respektierte Gesichter in den Fernsehsendungen des staatlichen Senders: Jeanne Sauvé, GG 1984-1990, Adrienne Clarkson, GG 1999-2005 und Michaelle Jean, GG 2005-2010. Dass gleich drei Vertreterinnen des damaligen kanadischen Staatsoberhaupts, der britischen Königin Elisabeth II, zuvor u.a. Dienst bei der CBC getan hatten, sagt viel aus über Kanada: Über seine politische Kultur, über die Rolle der Governors General und über die Bedeutung der CBC in Gesellschaft und Politik.

Kanada hat **Ulrich Barths** in seiner Jugend geprägt. Er hat viele Jahre in Toronto gelebt und an der Western University in London, Ontario studiert. Als Wirtschaftsjournalist arbeitete er für den hr, den Deutschlandfunk, die Deutsche Welle sowie für andere ARD-Anstalten.

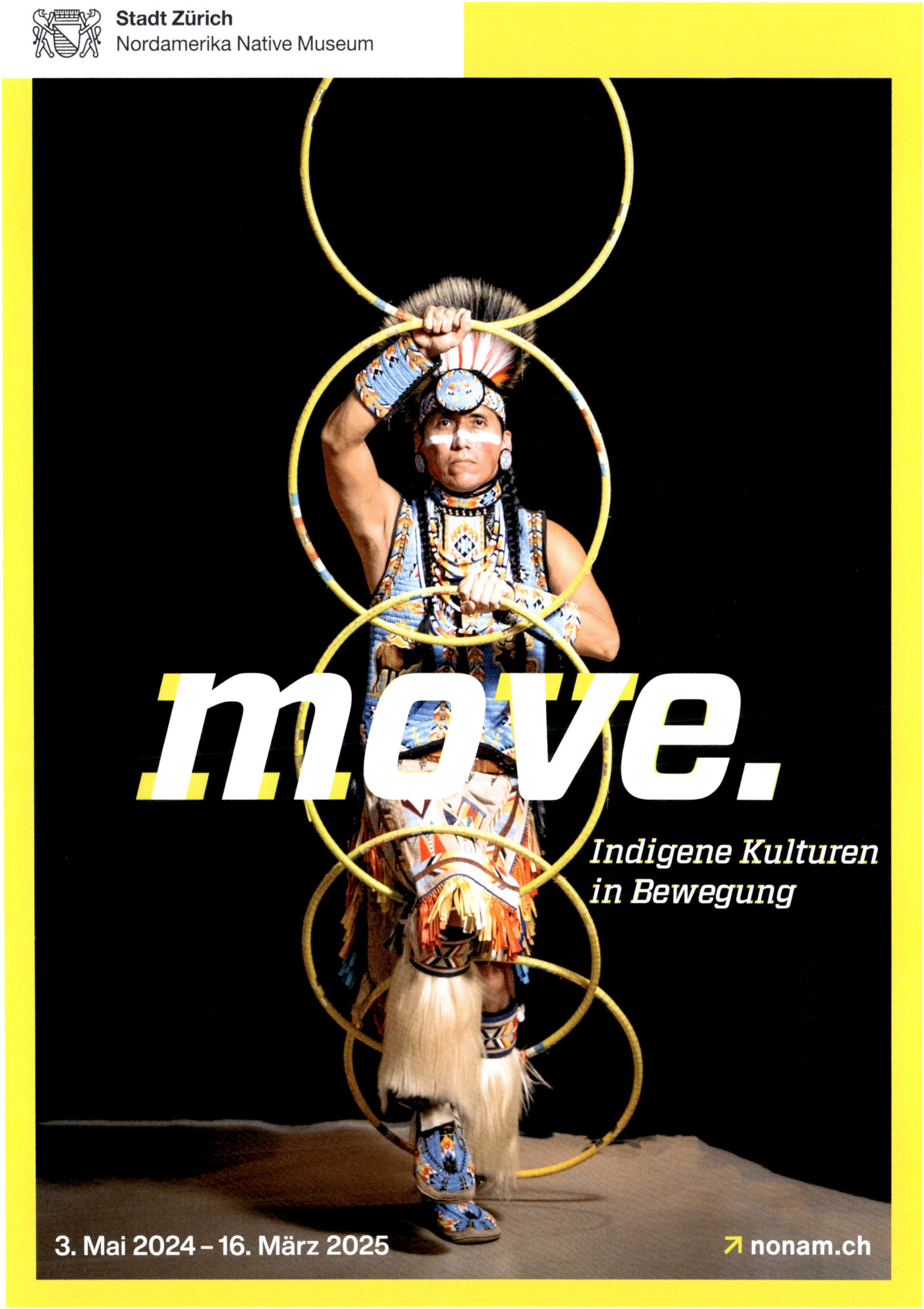

Stadt Zürich
Nordamerika Native Museum

move.

Indigene Kulturen in Bewegung

3. Mai 2024 – 16. März 2025

↗ nonam.ch

DAS KUNSTWERK ALS LEBENDIGER GESCHICHTENERZÄHLER

DAS NORDAMERIKANISCH-INDIGENE KUNSTVERSTÄNDNIS

Barry Ace

Der nordamerikanisch-Indigene Grundsatz „everything is connected" wird in Westeuropa sehr gerne zitiert. Wie weit sich diese allumfassende Verbundenheit erstreckt, ist jedoch oft für eine westeuropäische Betrachtungsweise der Welt und Umwelt, in der wir leben, auf den ersten Blick nur bedingt erfassbar. So z.B. die Binome Natur/Kultur oder Objekt/Subjekt, welche im westeuropäischen Weltverständnis meistens als grundlegende und universell gültige Gegensätze betrachtet werden. Aus einer nordamerikanisch-Indigenen Perspektive betrachtet, macht diese antagonistische, ja fast statische Differenzierung allerdings nur wenig Sinn, da es sich vielmehr um ein sich ständig weiterentwickelndes Zusammenspiel aller in dieser Welt existierenden Lebensformen handelt. So wird nicht nur die Tierwelt als Verwandtschaft betrachtet, sondern auch die Pflanzenwelt. Die Menschen als Teil dieses allumfassenden Verwandtschaftssystems fallen – wie jedem anderen – bestimmte Aufgaben zu, deren Ausführungen der respektvolle und reziproke Umgang mit allen Verwandten zugrunde liegt. Das westeuropäische Verständnis vom Gegensatz zwischen Natur und Kultur oder von der unberührten Natur findet so in den nordamerikanisch-Indigenen Denkweisen kein Äquivalent, da die Menschen in ihrer Funktion als Hüter der Umwelt täglich auf sie Einfluss nehmen, um sie zu hegen und zu pflegen, damit sie auch für die nächsten sieben Generationen erhalten bleibt. Somit muss jeder Eingriff gut durchdacht sein, bevor er in die Tat umgesetzt wird. Das deutschsprachige Sprichwort „so wie in den Wald hereingerufen wird, schallt es hinaus" spiegelt diese Denk- und Lebensweisen recht gut wider. Ähnlich verhält es sich mit dem Binom Objekt/Subjekt, das einer ständigen Wechselwirkung unterliegt, genauso wie mit dem Paar Materie/Gestalter oder Kunstwerk /Künstler im Rahmen der visuellen Kunst, die uns hier interessiert.

Selbstverständlich wurde und wird auch in den westeuropäischen Denk- und Betrachtungsweisen die Frage der Definition von Kunst und ihrem Sinn sehr unterschiedlich diskutiert und gelebt. Dennoch meine ich, dass es in diesen beiden Herangehensweisen – der westeuropäischen und der nordamerikanisch-Indigenen – einen fundamentalen Unterschied gibt, der unter anderem auch die gegenwärtige Diskussion zum Umgang mit Sammlungen in Museen bedingt: Aus einer westeuropäischen Perspektive betrachtet, wird ein Kunstwerk, wenn es fertig ist, als vollendet angesehen, welches, egal zu welcher Zeit und in welchem Raum es sich dann gerade befindet, seine spezifische Aussage immerwährend beibehält, unabhängig davon, ob diese Aussage gesellschaftlich akzeptiert wird – oder nicht. Dieses gilt nur bedingt für nordamerikanisch-Indigene Kunstwerke.

An dieser Stelle ist es unabdingbar darauf hinzuweisen, dass die gegenwärtige nordamerikanisch-Indigene Kunst weitgehend aus der Konfrontation mit der Kolonialisierung und der Verarbeitung ihrer erlebten Konsequenzen heraus entstanden ist. Allein schon der Begriff des Kunstwerkes als solches existierte vor der Auseinandersetzung mit den westeuropäischen Denkweisen nicht. Das bedeutet nicht, dass es früher keine ästhetischen Vorstellungen gab. Aber die Gestaltung und Bedeutung bzw. die Verankerung eines von Menschen erschaffenen Gegenstandes in Zeit und Raum durch die Wahl der verarbeiteten Materialien und Konstruktionsformen war und ist immer Ausdruck eines inhärenten Zusammenspiels von Bedeutungen bzw. Geschichten. Gegenstände

werden hier nicht als statische, kontextunabhängige Objekte behandelt, sondern als materialisierter, und damit lebendiger Ausdruck eines dynamischen Geflechtes von materiellen und immateriellen Zusammenhängen. Somit macht ihre Existenz nur so lange Sinn, wie sie in dieser Dynamik gebraucht werden; werden sie nicht mehr gebraucht, müssen sie entsprechend versorgt werden – so wie es eben einem Verwandten gebührt.

In der gegenwärtigen nordamerikanisch-Indigenen Kunst verbinden sich die eigene Konzeption der Bedeutung von gestalterischem Sinn mit dem, der durch die westeuropäischen Siedler ins Land gebracht wurde. Durch die Aneignung dieser fremden Ausdrucksweise und ihre Verarbeitung in Verbindung mit der eigenen wurden und werden Kunstwerke geschaffen, die in ihrer Gestaltungsweise die eigene, geschichtlich verankerte Symbolik beinhalten und in ihrer Gestaltungsform diese fremden Ansätze mit integrieren. Das Ganze beinhaltet sehr vielschichtige Bedeutungsebenen, die zum einem aus der jeweils einmaligen und spezifischen Zusammensetzung von Materie und Form entstehen. Zum anderem handelt es sich aber auch bei allen diesen Kunstwerken immer und grundlegend um politische Aussagen

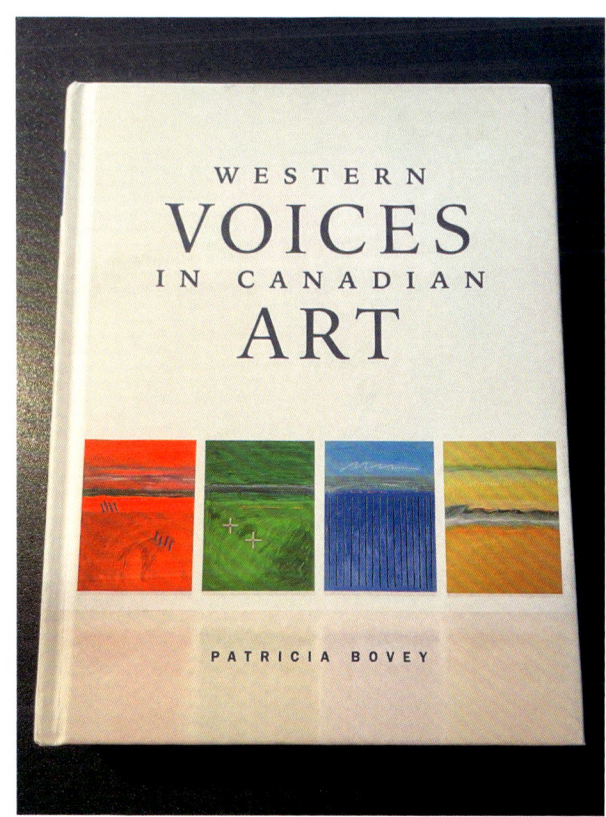

Kwiakiutl Meeresgott

über die erlebte Vergangenheit und Gegenwart und um eine Rückeroberung des eigenen Raumes, des eigenen Diskurses über diese erlebte Vergangenheit und Gegenwart, die noch zu oft von nicht-Indigenen dominiert und gesteuert wird. Dieses beschränkt sich nicht nur auf die plastische Kunst, sondern findet sich genauso in der nordamerikanisch-Indigenen Fotografie, in der Filmkunst, im Theater, in Literatur und Musik. Dabei kommt es allerdings auch immer wieder zu neuen Missbräuchen, wie es z.B. die Geschichte um eine Fotografie, die Adam Sings in the Timber (Apsáaloke) von Laura Grizzly Paws (Xwitsen) machte und die zeigt wie komplex sich der Umgang mit nordamerikanisch-indigenen Kunstwerken gestalten kann. (https://www.forbes.com/sites/heatherleighton/2020/07/27/photographer-shares-truth-behind-misuse-of-indigenous-photo-for-denigrating-meme/) [Siehe auch https://singsinthetimber.com/about-me]

Abschließend möchte ich anhand der Werke und Aussagen von Barry Ace (Anishinaabe) das oben Beschriebene verdeutlichen. Barry Ace kombiniert in seiner Kunst die verschiedensten Materialien, wodurch er u.a. die gegenwärtige Verflechtung der Indigenen und nicht-Indigenen Welten im heutigen Nordamerika und die Kontinuität der Kultur der Anishinaabeg ausdrückt. Oder besser in seinen eigenen Worten:

„My visual art practice is a response to the impact of the digital age and how it exponentially transforms and infuses Anishinaabeg culture with new technologies and new ways of communicating. My work is known for its signature style of transformation and recontextualization of traditional objects drawn from historic Anishinaabeg material culture, such as textiles. I deliberately push the boundaries of cultural art practices such as beadwork by transforming antiquated electronic e-waste, primarily capacitors, resistors, and light-emitting diodes to create new and complex floral motifs that mirror traditional Anishinaabeg style glass beadwork. Through an up-cycling of e-waste, I carefully yet respectfully negotiate the tenuous line of cultural continuity and strive to maintain a distinct Anishinaabeg aesthetic as an intentional response to the advance of technological colonization of the digital age."

Bei einem Workshop im Rahmen der Ausstellung „waawiindamaw – Promise, Indigene Kunst und koloniale Verträge in Kanada", die vom 9. April bis zum 18.

September 2022 im Nordamerika Native Museum in Zürich zu sehen war, ermöglichte Barry Ace uns Teilnehmenden aktiv zu seinem dort ausgestellten Kunstwerk beizutragen, indem wir jeweils ein Blumenmotiv aus Perlen stickten und einen der 46 Artikel der UN-Deklaration der Rechte der Indigenen Völker in Schreibschrift auf eine kleine Papierrolle auftrugen. Blume und Papierrolle wurden dann verknüpft und auf drei Schalen vor dem bereits ausgestellten Wand-Wampum mit den 94 *Calls-To-Action* der *Truth and Reconciliation Commission* verteilt (https://www.barryacearts.com/installations/wawindamaw-promise-at-nonam-zurich-switzerland/) .

Diese Gelegenheit ermöglichte allen Beteiligten, durch das aktive Mitwirken und den Austausch mit Barry Ace direkt zu erfahren, wie sich das nordamerikanisch-Indigene Verständnis eines lebendigen, Geschichten erzählenden und Geschichte schaffenden Kunstwerkes ganz konkret gestaltet. Zum Beispiel durch Barry Aces Erklärungen zu den Blumenmotiven: die Perlen sind europäischen Ursprungs und die Sticktechnik wird vielerorts verwendet, also kann sie auch individuell weiter praktiziert werden. Aber die speziellen Blumenmotive entstammen der Anishinaabeg-Kultur und dürfen ohne Erlaubnis dieser nicht detailgenau kopiert werden. Jeder von uns musste eine Erklärung unterschreiben, die besagte, dass wir unsere Rechte auf die von uns geschaffenen Teile des Kunstwerkes an den Künstler *„as long as the sun shines and the rivers flow"* abtreten und erhielten von ihm im Gegenzug einen Schweizer Franken. So vermittelte Barry Acve uns ganz praktisch diese Vielschichtigkeit an Bedeutung, die der nordamerikanisch-Indigenen Kunst inne liegt.

Dr. Nina Reuther ist fünf-sprachig aufgewachsen. Sie ist Musikethnologin und Rechtsanthropologin und arbeitet als unabhängige Kulturenwissenschaftlerin und -vermittlerin. Kern ihrer Forschungsarbeiten sind die amerikanisch-Indigenen und westeuropäischen Denkweisen und deren inter-generationellen Überlieferungsmethoden bzw. Bildungssysteme im Vergleich. Seit Ende der 1980er Jahre hat sie viele Jahre auf Reservaten der Secwepemc Nation in British Columbia verbracht.

Dwayne Everitt, Alberta 2021

FOTOGRAF MARTIN WEINHOLD: „KANADA IST MEIN MATERIAL"

(ub) Als Martin Weinhold im Juni 2005 zum ersten Mal nach Kanada flog, hatte er alles dabei: Darunter eine Kamera, eine Hasselblad mit einem Objektiv, und ein einziges Buch. Mit der Kamera wollte er nicht die üblichen touristischen Motive einfangen. Keine Berge, Wälder, Seen, Bären oder Elche. Und das Buch wies auch nicht den Weg zum schönsten, besten, billigsten Hotel. Hannah Arendts *Vita Activa* oder *Vom tätigen Leben* (1960) handelt vom Arbeiten und der Sinnhaftigkeit unseres Arbeitslebens. Der Fotograf und Autor aus Berlin wollte sich mit Arendts Thema „Was tun wir, wenn wir tätig sind?" auseinandersetzen. Kanada hat dafür seinen Blick geöffnet.

Und dann kam 2006, als Martin Weinhold zeitweise schon in Toronto wohnte, sein Torontoer Nachbar Ben Cleveland. Auf Bens Frage, was er denn so treibe, erzählte ihm Martin, dass er gerne Porträts in der Arbeitswelt machen würde. Martin Weinhold: „Ad hoc schlug Ben sich selbst als ersten Kandidaten für die Serie vor und zwei Tage später stand ich mit ihm, Stativ und Kamera auf einem riesigen Parkplatz voller Lkws."

Bis heute entstanden Tausende weitere Bilder von Kanadierinnen und Kanadiern in ihrem Arbeitsumfeld. Im Labor, auf dem Feld, in der Wildnis, im U-Boot der Royal Canadian Navy.

In einer Rede zur Eröffnung einer Werkschau in Berlin 2022 sagte Weinhold: „Von der deutschen Sicht auf ein fremdes Land habe ich mich mit den Jahren entfernt. Ich stecke in dem Land wie in meiner Materie. Ich werde dort nicht schlagartig zum Kanadier, aber vergesse wer ich hier in Berlin bin. Ich werde zum Bäckergehilfen in Québec, zum Erntehelfer in Saskatchewan, wasche Geschirr in einem U-Boot. Die jeweilige Lebenswelt der Arbeitenden ist dann meine Welt. Und ja, das findet in Kanada statt, aber es geht universell darum, was wir tun, wenn wir tätig sind. Was es mit uns macht und wie wir die Welt verändern mit dem, was wir meinen, tun zu müssen. Das ist ein globales Thema, das für mich aber aus

verschiedenen Gründen in Kanada besonders gut zugänglich ist."

Chrystina Fox, Alberta 2021

Er habe Kanada nicht gesucht. „Wir haben uns gefunden. Das Land ist mein zweiter Aggregatzustand geworden." Er werde dort zu einer anderen Person, in der das Projekt ganz und gar die Regie übernimmt, so wie es in Deutschland für ihn nie möglich gewesen wäre.

Die Bilder auf diesen Seiten sind nur ein kleiner Ausschnitt aus dem Projekt *WorkSpace Canada*, das er mit der Unterstützung der University of Alberta und sieben weiteren kanadischen Universitäten 2021 zu *WorkLife in Canada* ausgebaut hat. Seit 2021 besucht und fotografiert er Porträtierte aus den Jahren 2006-2018 ein weiteres Mal. Seine jeweiligen Partner aus den Universitäten – maßgeblich Prof. Sara Dorow von der University of Alberta - führten Interviews mit ihnen. *WorkLife* als Kooperation mit den Unis endet 2026 mit der Veröffentlichung einer gemeinsamen Arbeit als Multimedia-Internetseite und ausserdem voraussichtlich als Buch sowie als Ausstellung. Die letzte Produktion sollte im September beginnen und im November 2024 abschließen. Am Ende wird ein sozialdokumentarisches Werk von ca. 4500 Fotos aus rund 250 Arbeitsfeldern aus allen Provinzen und dem Arktis-Territorium Nunavut stehen.

Shane Miller, Alberta 2021

DIE CARBONARA UND DAS KÜNSTLERHAUS

CANADA DAY-WOCHENENDE IN MÜNCHEN

Der große Saal des Künstlerhauses bot ein ideales Ambiente für den Festakt

(ub/gs) Hat es das schon einmal am Canada Day-Wochenende gegeben? Beim Festakt am Samstagabend, die Gäste im feinen Zwirn, mit erlesenen Speisen auf dem Teller und Wein im Glas. Und nun sollte der Saal mal schnell Jamie Olivers (britischer Fernseh-Starkoch) Spaghetti Carbonara (fünf Bestandteile) mit ihm zubereiten. „Bitte alle aufstehen und mitmachen!" Im Sakko. Im Abendkleid. Die rund 150 Gäste (DKG-Rekord) im prächtigen Künstlerhaus am Münchner Lenbachplatz wussten erst nicht so recht, wie ihnen geschah, machten dann aber doch begeistert mit. Alle. Was war geschehen? Eric Gauthier, einer der beiden DKG-Ehrenpreisträger 2024, mischte die Freundinnen und Freunde Kanadas nach

seiner Preisverleihung auf, übernahm nach der feierlichen Übergabe von Urkunde und Münze das Kommando auf der Bühne und legte einfach los, animierte die versammelte Mannschaft, dieses Nudelgericht zu stemmen, schwungvoll (virtuell) Eier zu schlagen, Käse zu reiben und anzurichten, unter Einsatz von Händen und Füßen, im Ergebnis eine Animation zum angewandten Tanzen. Es war schön warm am hochsommerlichen Lenbachplatz. Eric Gauthiers Inszenierung ließ die Temperatur im Saal noch weiter klettern. Den Gästen war's egal, sie waren begeistert. Die Carbonara au Gauthier hat natürlich niemand gekostet, doch alle nahmen das Erlebnis mit nach Hause.

Die Preisverleihung an Eric Gauthier, durch Honorarkonsul Thomas Reith (rechts) und DKG-Vizepräsident Georg Schmitz (links)

Die Gäste bei der „Zubereitung von Eric Gauthiers Spaghetti Carbonara"

Eric Gauthier, geboren in Montréal, Sohn eines bedeutenden Alzheimer-Forschers, kommt vom Ballett. Ausgebildet unter anderem bei der *National Ballet School* und dem *National Ballet of Canada* in Toronto, war er Solo-Tänzer in Stuttgart unter Reid Anderson, dem Eric aus Toronto in die Baden-Württembergische Hauptstadt gefolgt war, bevor er am Theaterhaus Stuttgart die *Gauthier Dance-Compagnie* gründete. Seit 26 Jahren ist Gauthier nun in Deutschland, ein Kanadier, der große Fußstapfen in beiden Ländern hinterlassen hat. Thomas Reith, Honorarkonsul Kanadas in Baden Württemberg mit Sitz in Stuttgart, hob

in seiner Laudatio hervor: „Wenn wir Dich, lieber Eric, heute feiern, würdigen und ehren, dann nicht nur wegen Deiner bemerkenswerten Leistungen, sondern auch wegen der Werte und Prinzipien, die Du lebst und verkörperst."

DKG-Präsidiumsmitglied Wolfgang Klooß hielt die Laudatio für den zweiten Ehrenpreisträger 2024. Er ging an die Eheleute Jürgen und Freia Saße. Wolfgang Klooß begann ganz persönlich, erzählte von seiner Sammlung von Specksteinskulpturen aus dem arktischen Norden Kanadas. „Besonders ans Herz gewach-

Laudator Wolfgang Klooß und DKG Vizepräsident Michael Nussbaum übergeben Münze und Verleihundurkunde an Ute Mauer

sen ist mir ein bulliger, in seiner leicht abstrahierten Formgebung ungemein elegant gestalteter Eisbär: Er stammt aus der Werkstatt von Tony Curley, die zur Künstlergemeinde von Cape Dorset gehört. I obtained the sculpture at „Badersee" in Grainau, at the bottom of Germany's highest mountain „Zugspitze", during one of the annual conventions of „Gesellschaft für Kanada-Studien". The bear was among other artefacts which Freia Saße, the owner of an art gallery devoted to Canadian Inuit Art, showed at Grainau. The objects were for sale. I know of other conference participants who had cast an eye on the bear. I was faster. Ever since, I have had great pleasure looking at the sturdy, vigorous bear and his soapstone comrades. Es ist mir wie schon in den vergangenen Jahren eine große Ehre und eine besondere Freude, Ihnen jetzt einen der Ehrenpreisträger des Jahres 2024 kurz vorstellen zu dürfen. Es handelt sich, wie Sie wohl schon ahnen, um eine Kunstgalerie, genauer um die Galerie „CreArtion" von Jürgen und Freia Saße in Eppstein/Taunus."

Jürgen Saße starb 1994, Freia Saße 2019. Ihre Kinder haben die Tradition im Sinne ihrer Eltern seither fortgeführt.

Die Familie wurde so zu einem bedeutenden Brückenbauer der Kulturen. „They have been among the few experts who have exposed us to the skills of Canadian Inuit sculptors, painters or draftsmen and who have disseminated their works among a broad German audience. Respective exhibitions in museums, at universities, at academic conferences or during events with a Canadian content have familiarized us with

DKG Präsident Michael Siebold und die neue DKG Vorständin Vera Kühr

the Inuit of the arctic north and their very special art. This has been made possible because Jürgen and Freia Saße managed to establish an efficient network which brought them in close contact with numerous artists from various communities."

Damit nicht genug, wird im Rahmen der Jahrestagung der „Gesellschaft für Kanada-Studien" ein von Jürgen und Freia Saße gestifteter Pries an Studierende aller Fachrichtungen vergeben, deren Diplom-, Staatsexamens-, Master- oder Doktorarbeiten die eingeborenen Bevölkerungsgruppen Kanadas behandeln.

Außerdem hat die Galerie „CreArtion" auf den Jahrestagungen der „Gesellschaft für Kanada-Studien" stets Kunstgegenstände von und Materialien über Kanadas

Die Tanzgruppe Les pieds au vol mit DKG Präsident Michael Siebold

David Dunkerley, Kanadas Konsul in München und Daniel Etzel Direktor der Vertretung des Freistaats Bayern in Montréal (rechts)

Marietta Weiland-Kuch im Gespräch mit der Leiterin der Tanzgruppe „Les Pieds au Vol" beim Ausflug zum Kloster

Inuit für eine bei den Teilnehmerinnen und Teilnehmern äußerst beliebte Tombola zur Verfügung gestellt, deren Erlös kanadistischen Aktivitäten zugute kommt.

Wolfgang Klooß: „Mit der Vergabe des DKG-Ehrenpreises an Jürgen und Freia Saße, für die heute ihre Tochter Ute Mauer zu unserem Jahrestreffen nach München gekommen ist, wird eine mit Kanada eng verbundene Familie gewürdigt, die über zwei Generationen hinweg dem (nicht nur deutschen) Publikum eine vergleichsweise wenig bekannte Kunstwelt eröffnet hat."

Während des gesamten Canada Day Weekends war die Frauentanzgruppe "les Pieds au vol" aus Cape Breton Island in Nova Scotia eine Konstante. Sie gab dem Fest eine besondere kanadische Note. Ob beim sehr gelungenen Get-Together am Freitagabend im Hof des Münchener Ratskellers am Marienplatz, beim Festakt im Künstlerhaus oder beim entspannten Ausklang am Sonntag bei der Schifffahrt auf dem Ammersee und im Kloster Andechs, ihr mit Schwung, Verve und erkennbarer Freude vorgetragenes Programm mit traditionellen, aber gleichwohl modern angehauchten Tänzen, fesselte die Zuschauer. Mit über 60 Teilnehmern stieß auch die hochinteressante Stadtführung am Samstagvormittag auf außergewöhnlich großes Interesse. Die Mitgliederversammlung verlief am Nachmittag gewohnt harmonisch.

Eine besondere Ehre war es, dass auch viele Vertreterinnen und Vertreter Kanadas in Deutschland zu uns kamen. Georg Schmitz, Vizepräsident der DKG und Leiter der Regionalgruppe München, und Marietta Weiland-Kuch, begrüßten im Foyer des Künstlerhau-

ses zu Beginn des Festakts beim einleitenden Empfang unter anderen: die stellvertretende kanadische Botschafterin Evelyne Coulombe, Kanadas Konsul in München David Dunkerley, Ernst Lueg, Leiter des Trade und Investment Büros von Ontario, Peter Freier, Wirtschaftsattaché von Québec, und Daniel Etzel Direktor der Vertretung Bayerns in Montréal. Sie dankten der kanadischen Botschaft, der BMW AG, den Anwaltskanzleien Jacoblaw, Lette & Knorr sowie Advant Beiten, den Reiseveranstaltern CANUSA, Canada Dream Tours und Invatarru Tours sowie Melody's Canada für ihre finanzielle Unterstützung.

Für den Festakt, der von der charmanten Sina Großkopf und DKG-Vorstandschef Stefan Rizor moderiert wurde, hatte das Organisationsteam um Georg Schmitz und Marietta Weiland-Kuch mit Doris Walz, Vera Kühr, Hannes Weiland, Martin Pundt, Thomas Kuch, Kadir Kina und Sean Farzaneh ein sehr unterhaltsames Programm zusammengestellt.

Das Organisationsteam wurde schon Wochen vor der Veranstaltung von Caroline von Capitaine und Meike Münster in der Geschäftsstelle der DKG sowie vom DKG-Schatzmeister Martin Gutsch tatkräftig und effizient administrativ unterstützt.

Das letzte Wort soll Evelyn Coulombe bekommen, Chargée d'Affaires der kanadischen Botschaft in Berlin, die Botschafter John Horgan vertrat. Dem DKG Journal sagte sie:

„The DKG is for me a great example of people to people ties between our countries. The DKG has been organizing for about 60 years the student exchanges

Evelyn Coulombe, Kanadas Chargée d'affaires.

to build the relationships between Canadians and Germans. And then we can follow with the trade and political and cultural relations, but at the beginning it is people to people. And my impression is, the DKG is a prime organization to make that happen between Germany and Canada."

Der geopolitische Kontext hat sich geändert. Noch vor einigen Jahren galten Organisationen wie die DKG in manchen Kreisen als überholt, als nicht mehr relevant angesichts der damals scheinbar abnehmenden Spannungen.

Und Jetzt? Evelyn Coulombe stellt fest: „The geopolitical context today is very complex, with wars in Europe and the Middle East and we have so many challenges. It is exactly in those times that countries need each other, friends with common values, like Canada and Germany. And the DKG is a key actor in bringing the two countries together."

Evelyn Coulombe ist noch nicht allzu lange in Deutschland, in Berlin, „but I love it actually," sagt die Stellvertretende Botschafterin Kanadas. „I've been traveling all over the country, I feel really comfortable here, I've met great people, I'm still working on my German. I enjoy every minute of it. I feel at home here in Germany."

Impressum
Das DKG-Journal ist die Mitgliederzeitschrift der Deutsch-Kanadischen Gesellschaft e.V. (Amtsgericht Köln 43 VR 9965). Geschäftsstelle: Innere Kanalstr. 15, 50823 Köln, Deutschland, Telefon: +49 221 2576 781, E-Mail: info@dkg-online.de, Internet: www.dkg-online.de.
Vorstand: Stefan Rizor, Köln; Martin Gutsch, Kaarst; Hannes Weiland, Starnberg; Dr. Ulrike Rausch, Düsseldorf; Sina Burghardt, Bonn; Christina Arend, Berlin; Robin Arens, Berlin; Hans Harald Grimm, Mühlheim an der Ruhr; Tamara Joyette, Düsseldorf
Redaktion: Dr. Georg Schmitz (gs), Kirchheim, Verantwortlicher Redakteur, V.i.S.d.P. § 55 Abs. 2 RStV, Prof. Dr. Wolfgang Klooß , Trier (wk), Ulrich Barths (ub), Frankfurt am Main
Bildnachweise: art_inthecity CC-BY 2.0; S. 56u re; Ulrich Barths S. 53o, 54u, 55, 56o, 57, 58o, 59u, 61, 71-74; Georges Biard CC-BY-SA 2.0 S. 60re; Dj Woiferl 089 radio S. 70; DONOSTIA KULTURA CC-BY-SA 2.0 S. 60li; dreamsjung CC-BY-SA 2.0 S. 58u; Nicolas Genin CC-BY-SA 2.0 S. 59o; Jeangagnon, CC BY-SA 3.0 S. 56u li; jurvetson CC-BY 2.0 S. 59mi; Wolfgang Klooß S. 65, 66; Charles E. Manley, CC-BY 2.0 S. 62; Barnett Newman,CC-BY-SA 4.0 S. 51; NONAM Zürich 63, 64; Public Domain S. 53u, S. 54o; Martin Weinhold S. 68-69.

Auf Schienen durch die Staaten
Fünf traumhafte US-Zugrouten

Die Züge von Brightline in Florida gelten als die schnellsten der gesamten USA.

Wie lässt sich am besten ein Land bereisen, das mehr als doppelt so groß ist wie der europäische Kontinent? Auch mit dem Zug! Die Geschichte der Eisenbahn ist fest mit der Geschichte der USA verbunden. Bereits im Jahr 1829 wurde zwischen Baltimore und Ellicots-Mills die erste Eisenbahnstrecke eröffnet. Visit the USA (die offizielle touristische Marketingorganisation der USA) stellt fünf außergewöhnliche Zugrouten vor.

Im Panoramazug zwischen Moab, Utah und Denver

Auf der neuesten Route des luxuriösen Panoramazugs Rocky Mountaineer lassen sich innerhalb von zwei Tagen atemberaubende Landschaften mit Canyons, Bergpanoramen und rotem Sandstein bestaunen. Am ersten Tag geht es in komfortablen

Der Rocky Mountaineer passiert unter anderem auch Glenwood Springs.

Abteilen mit exklusivem Service direkt von Moab nach Glenwood Springs – vorbei am steil emporragenden Mount Garfield, dem farbenprächtigen, 40 Kilometer langen Ruby Canyon sowie dem Colorado River. Nach einer Übernachtung fährt der mit riesigen Panoramafenstern ausgestattete Rocky Mountaineer weiter nach Denver.

Von Orlando nach Miami in Höchstgeschwindigkeit

Die Zuglinie Brightline hat ihr Highspeed-Streckennetz zwischen Orlando und Miami erweitert und bietet nun eine Verbindung zwischen den beiden populärsten Städten Floridas. Mit einer Geschwindigkeit von bis zu 200 Stundenkilometer können Urlauber in dreieinhalb Stunden von Metropole zu Metropole reisen, was die Züge der Brightline zu den schnellsten im ganzen Land macht. Für alle, die während ihres Urlaubs Miami Beach, aber auch das Disneyland erkunden wollen, ohne den Stress einer Autofahrt oder eines Fluges

auf sich nehmen zu müssen, ist diese Zug-
verbindung die perfekte Alternative.

Country-Feeling zwischen Chicago und San Antonio

Der Aurora Winter Train im verschneiten Alaska in einzigartiges Winter-erlebnis.

Der legendäre Texas Eagle ist ein Strom-
linien-Passagierzug, der Chicago im
Bundesstaat Illinois und San Antonio in
Texas verbindet. Er führt durch 43 Städte,
darunter Dallas, St. Louis und Austin. Die
Fahrt auf der gesamten Strecke von circa
2000 Kilometern dauert 32,5 Stunden.
Dabei sind die Städte und weiten Landschaften entlang der Route mit so vielen
Superlativen versehen, dass sie der Vielfalt des amerikanischen Südwestens defi-
nitiv gerecht werden. Von Chicago geht
es mit dem Texas Eagle in Richtung Süden
bis nach St. Louis. Von dort aus schlängelt
sich der Zug durch die berühmten Prärien
von Texas, vorbei an den modernen kos-
mopolitischen Wolkenkratzern von Dallas, hinweg zum State Capitol in Austin bis
hin zur Zielstation San Antonio.

Alaska im Winter

Die Alaska Railroad verbindet über 750
Kilometer Seward und Fairbanks Ein ganz
besonderes Erlebnis bietet die Route „The
Aurora", die einen direkt fühlen lässt,
als säße man im Polarexpress. Fahrgäste
können das Winterwunderland Alaskas
gemütlich vom warmen Zugabteil aus
genießen, das über große Panoramafenster
und ein Bordrestaurant verfügt. Während
der zwölfstündigen Fahrt können Rei-

sende unter anderem den höchsten Berg
Nordamerikas, Mount Denali, bestaunen
und erhaschen vielleicht sogar einen Blick
auf den ein oder anderen Elch oder Grizzly. Unterwegs hält der Zug in Wasilla und
Talkeetna und bietet Stopps entlang des
80 Kilometer langen, straßenlosen Hinter-
landes südlich von Hurricane Gulch. Weiter nördlich hält der Zug je nach Bedarf in
Healy und Nenana, bevor er in Fairbanks
ankommt, wo man mit etwas Glück den
Tanz der Nordlichter bestaunen kann.

Mit der Dampflok durch Oregons Natur

Unterwegs in Oregon

Die gemeinnützige Organisation Oregon
Coast Scenic Railroad (OCSR) bietet
historische Zugfahrten entlang der malerischen Pazifikküste. An Bord der historischen Dampflokomotive der OCSR fährt
man 1,5 Stunden entlang der Buchten und
Klippen der Küste zwischen Garibaldi
und Rockaway. Den ganzen Sommer über
und bei einigen Winterausflügen setzt
OCSR historische Dampflokomotiven ein.

New Jersey überzeugt 2026 als Fußball- und Urlaubs-Paradies

Der Entertainment-komplex American Dream in East Rutherford liegt direkt gegenüber vom NYNJ Stadium (MetLife Stadium).

Legendärer Urlaubsort: Atlantic City

Fußball-Fans aufgepasst: 2026 lassen sich Sport, Strand, Sightseeing und Shopping in New Jersey perfekt kombinieren. In knapp zwei Jahren, am 19. Juli 2026, steigt im US-Bundesstaat New Jersey das Finale der Fußball-WM 2026. An diesem Tag schaut die Sport-Welt auf den Garden State. Und nicht nur das: Weitere sieben Spiele der größten Fußball-Weltmeisterschaft aller Zeiten finden im NYNJ Stadium (MetLife Stadium) in East Rutherford statt. Mit dem Finale und den weiteren Matches ist New Jersey der wohl wichtigste Austragungs-ort der WM, die erstmals mit 48 Mann-schaften stattfinden wird – mit Spielen in insgesamt 16 Städten in den USA sowie Kanada und Mexiko.

Lange Fußball-Historie

Das 2010 eröffnete NYNJ Stadium (Met-Life Stadium) mit seinen mehr als 80.000 Plätzen ist Fußfall-Fans gut bekannt: 2016 fand hier das Endspiel der Copa América Centenario 2016 statt, das Argentinien rund um Superstar Lionel Messi im Elf-meterschießen gegen die Auswahl von Chile verlor. In diesem Sommer fanden zwei Matches der Copa América statt. Regulär tragen in der Multisportarena die New York Giants und die New York Jets ihre Spiele in der NFL aus.

Blick von New Jersey auf New York

Vielfältige Ausflugsziele

Auch jenseits der WM ist New Jersey ein attraktives Ziel: Das legendäre Atlantic City mit seinem weiten Strand, dem bekannten Boardwalk und dem großen Unterhaltungsangebot liegt nur gut zwei Fahrstunden vom Stadion entfernt. Noch näher: die Strände auf der Halbinsel Sandy Hook Island. Für ein Picknick mit Panoramablick auf die Skyline von Manhattan und die Freiheitsstatue empfiehlt sich wiederum ein Ausflug in den Liberty State Park. Ebenfalls ein beliebtes Vergnügen in New Jersey: Shopping, beispielsweise in der Mall The Mills at Jersey Gardens. Denn bei Kleidung und Schuhen wird hier keine Steuer fällig.

Und wem das alles nicht reicht respektive wer kurze Wege präferiert, der steuert den Entertainmentkomplex American Dream an. Nur 15 Fußminuten vom NYNJ Stadium (MetLife Stadium) entfernt, entdecken Besucher ein unvergleichliches Einzelhandels-, Unterhaltungs- und Freizeitzentrum: mit dem größten Indoor-Themenpark der westlichen Hemisphäre, dem größten Indoor-Wasserpark Nordamerikas, ganzjährigem Indoor-Skifahren, zahlreichen Einkaufsmöglichkeiten und Freizeitangeboten wie einem LEGOLAND Discovery Center® und einem Aquarium von SEA LIFE.

Die Halbinsel Sandy Hook lädt zu einem Strand-spaziergang ein.

New Jersey
visitnj.org/de

ANREISE

Gateway nach New Jersey ist in erster Linie der Newark Liberty International Airport (in unmittelbarer Nähe zu New York City), der mit Nonstopflügen ab Berlin, Frankfurt/Main und München erreichbar ist. Alternativ bietet sich der Philadelphia International Airport in Pennsylvania an, etwa eine Autostunde von Atlantic City entfernt.

KONTAKT

New Jersey Division of Travel & Tourism
Tel: +49 (0) 69 25538-220, newjersey@wiechmann.de
facebook.com/VisitNewJersey, instagram.com/visit_nj

Mutter aller Roadtrips

Route 66 in Illinois

Echter Hingucker in Pontiac: das angebliche weltgrößte Route 66-Mural. Perfekt für ein Selfie! Durch Illinois führen die ersten 300 von insgesamt 2500 Meilen. Vielen loben diesen Abschnitt als besonders sehenswert und authentisch.

Route 66 ist ein Symbol der guten alten Zeit, an das man sicher gern erinnert", lautet nicht nur einmal Antwort auf die Frage, warum die vielleicht bekannteste Straße der Welt bis heute beliebt ist – und immer mehr Besucher anzieht. Legenden wie Ron Metzger, Betreiber von Motorheads Bar & Grill, oder Josh Waldmire, Inhaber des Cozy Dog Drive In, in Springfield sind sichtbar stolz auf das, was sie bis heute pflegen. Fast schon ein Kulturgut.

Und in der Tat erscheint es so, als wäre die Route 66 so lebendig wie nie. Bestes Beispiel: die neu geschaffene Illinois State Fair Route 66 Experience in Springfield. 2026 feiert die Mother Road, wie die 2500 Meilen lange Strecke zwischen Chicago am Lake Michigan und Santa Monica am Pazifik gern genannt wird, ihren 100. Geburtstag. Christian Dose, Chefredakteur von 360° NordAmerika, ist vorausgereist – und hat eine Liebeserklärung an die schönsten Orte entlang der Route 66 in Illinois mitgebracht. Ideal für einen mehrtägigen Roadtrip über 300 Meilen auf dem vielleicht schönsten Stück der legendären Straße.

Start in der Chicago

In der „Windy City" muss man schon ein wenig suchen, ehe man das kleine Schildchen „Route 66 Begin" findet, eher unscheinbar am Art Institute of Chicago. Mit dem Lou Mitchell's Restaurant und einigen anderem finden sich hier noch einige andere Relikte aus der Gründungs-

Das Gefängnis in Joliet ist weithin bekannt und lädt zu Führungen ein.

zeit. Doch so richtig kommt hier als Reisender noch nicht das Gefühl auf, auf einer Legende unterwegs zu sein. Also, raus aus der Millionenmetropole mit ihren vielen Attraktionen wie den Wolkenkratzern und dem Navy Pier. Ab gen Westen. Wer die Interstate 55 nutzt, erspäht bald die ersten Schilder, die auf die klassische Streckenführung der Mother Road hinweisen. Bei Welco Corners ist schließlich der Highway 53 erreicht. Und endlich, entlang der Joliet Road fühlt es sich langsam nach einem ehrlichen Roadtrip an.

Joliet: Blues Brothers und mehr

Nicht verpassen: das Roadsign in Joliet, so etwas wie der inoffizielle Start der Route 66.

Spätestens am Route 66 Park in Illinois wird es Zeit für einen Fotostopp. Ein Selfie am großen Straßenschild lässt sich wohl

niemand entgehen. Direkt daneben: Rich & Creamy, eine Eisdiele wie aus den Anfängen. Und nur eine Autominute weiter: die Autowerkstatt von Dick's Towing Service, ein alter Polizeiwagen davor, auf dem Dach ein Ami-Schlitten. Herrlich, so eine Zeitreise. Das Old Joliet Prison ist ebenfalls so ein Relikt aus alter Zeit und wurde mit dem Kinofilm „Blues Brothers" sowie der TV-Serie „Prison Break" weltbekannt. Wer möchte, kann den Knast besichtigen

Auf den Film ist man bis heute stolz: Entsprechend begrüßen im Joliet Area Historical Museum and Route 66 Welcome Center die Blues Brothers die Besucher. Das Museum bietet sowohl einen Überblick zur grandiosen Route 66 wie auch zur Region, die sich als Verkehrsknotenpunkt selbst den Beinamen „Crossroads of Mid-America" gegeben hat. Dass Joliet einst eine blühende Stadt war, zeigt sich schnell an den mondänen Bauten in der Innenstadt – allen voran dem Rialto Square Theatre. Das Gebäude von 1926 zählt dank seiner griechischen, römischen, französischen und byzantinischen Architektur zu den schönsten seiner Art. Ein Essen im Joliet Route 66 Diner weckt Lust auf mehr. Und selbst für die Urlaubskasse kann Joliet dank seiner zwei Hotel-Casinos und passendem Spielglück gut sein.

Ab Joliet navigiert es sich leicht: Schilder verweisen auf den ursprünglichen Streckenverlauf der Mother Road, die hier

meist offiziell als Highway 53 firmiert. Nach einigen Kilometern ist Wilmington erreicht: Seit 1965 begrüßte der Gemini Giant die Reisenden auf ihrem Weg gen Westen. In diesem Frühling wurde die acht Meter hohe Statue aus Fiberglas abgebaut, das angeschlossene Diner namens Launching Pad musste schon 2022 schließen. Doch nun soll der Muffler Man – die Statuen machten einst Werbung für Auspuffe und sind vielerorts entlang der Route 66 zu sehen – eine neue Heimstatt im nahen South Island Park im Kankakee River finden. In der hübschen Innenstadt von Wilmington fühlt man sich schnell in die Zeit der 1950er- und 1960er-Jahre erinnert: Rund um die Water Street tönt die Musik dieser Zeit aus Lautsprechern – der perfekte Rhythmus für einen Stadtbummel.

Ikonische Fotospots

Nach gut zehn Minuten Fahrt ist eine weitere Legende der Route 66 erreicht: Das Polk-A-Dot Drive in Braidwood ist seit 1956 bekannt für seine Burger und Shakes – sowie vor allem für den Corn Dog, ein Würstchen ummantelt von Maisteig. Lecker, und mindestens so köstlich wie ein Hot Dog. Neben Mobiliar und Speisekarte sorgt die Music Box für das nötige Vintage-Feeling. Ein Diner wie aus dem Bilderbuch.

Kaum ein Motiv steht so sehr für die Route 66 und ihr Lebensgefühl wie alte, liebevoll restaurierte Tankstellen. Gleich zwei Ikonen folgen auf den nächsten Kilometern: erst Ambler's Texaco Gas Station in Dwight, dann die Standard Oil of Illinois Gas Station in Odell. Immer wieder beeindruckend, diese Zeugen aus den Anfängen des automobilen Zeitalters. So oft sie auch fotografiert wurden: Ein Selfie samt Mietwagen ist wohl ein Muss. Schade, dass man hier seinen SUV nicht mehr auftanken kann.

Auf den nächsten Meilen lässt sich auch immer gut ein Stück der originalen Route 66 erspähen. Mancher Abschnitt ist erhalten, manche Meile heute ein Fahrradweg. Kurz vor Pontiac, am Restaurant Old Log Cabin, lässt sich ganzes Stück gut überblicken, perfekt für einen weiteren Fotostopp.

Unterwegs auf einer Legende

Im scharfen Kontrast dazu steht Wallys einige Kilometer weiter: Die Tankstelle am Ortseingang von Pontiac protzt mit mehr als 70 Zapfsäulen und einem großen Shop. Doch in der Innenstadt des 11.000-Einwohner-Orts fühlt man sich schnell wieder auf einer Tour durch die Vergangenheit: Mit einem wilden Sammelsurium glänzt die Route 66 Association Hall of Fame and Museum: Ungezählte Karten und Werbeschilder, alte Zapfsäulen und mehr geben Einblicke in bald 100 Jahr. Unbedingt auch die „Road Yacht" der Route 66-Legende Bob Waldmire besichtigen,

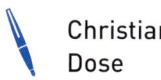

Christian Dose

Christian Dose reist seit seinem 19. Lebensjahr regelmäßig in die USA und andere ferne Länder. Er verfügt über langjährige Erfahrung als Journalist, Pressesprecher und Berater für Public Relations. Er ist Chefredakteur des Reisemagazins 360° NordAmerika und Autor mehrerer Reiseführer.

Ikonisch: Ambler's Texaco Gas Station in Dwight

Umfangreiche Schau im Route 66 Association Hall of Fame and Museum

einen überdimensionierten nostalgischen Campingbus. Und natürlich ein Foto vom angeblich weltweit größten Route 66-Wandgemälde machen. Überhaupt: Wer auf Streetart steht, ist von Pontiac begeistert. Insgesamt 23 Murals schmücken die Stadt. Oldtimer-Freunde schwärmen vom Pontiac-Oakland Automobile Museum & Ressource Center. In einer der weltweit größten Sammlungen der beiden Marken möchte man sich am liebsten gleich eines der famosen Fahrzeuge aussuchen und stilecht weiterreisen.

Auf präsidialen Spuren

Gleich bei der Einfahrt ins historische Städtchen Lincoln grüßt Abraham Lincoln: Als vier Meter hohe Statue auf einem Planwagen, laut Guinness Buch der Rekorde der größte Planwagen überhaupt. Ein eindrucksvolles Denkmal in einer Stadt, die schon Lebzeiten des 16. US-Präsidenten ihm zu Ehren so genannt wurde. An

den beliebten Präsidenten erinnert zudem das Postville Courthouse, ein Nachbau des Gerichts, in dem Lincoln als Anwalt tätig war. Route 66-Fans wiederum erfreuen sich an der nur wenige Meter entfernten Rt 66 Corner Garage – ebenfalls eine historische Tankstelle, von einem 75jährigen Rentner gut in Schuss gehalten. Und der beste Beweis, wie die Menschen hier stolz auf die populäre Route sind und ihr Andenken bewahren möchte. Ich treffe überall auf herzliches Engagement, hier noch weit verbreitet.

Charmante Hauptstadt

Schließlich ist die Hauptstadt von Illinois erreicht: Springfield begeistert mit seiner Geschichte – zu Abraham Lincoln und zur Route 66. Dass Wohnhaus des bis heute populären Präsidenten, der 1865 erschossen wurde, sollte sich niemand entgehen lassen – ebenso die Abraham Lincoln Presidential Library and Museum, die sein

Noch ein Geheimtipp für ein unvergessliches Foto: die Rt 66 Corner Garage in Lincoln – nur wenige Fahrminuten von Railsplitter Covered Wagon entfernt.

Leben darstellt: mit historischen Exponaten wie beispielsweise seiner Aktenta-
sche als auch interaktiven, multimedialen
Ausstellungen. Seine Grabstätte (Lincoln
Tomb) und das State Capitol sind ebenfalls
einen Besuch wert. Daneben hat auch der
berühmte Architekt Frank Lloyd Wright,
der unter anderem das Guggenheim
Museum kreierte, mit dem sehenswerten
Dana Thomas House die Stadt geprägt.

Und rechtzeitig zum 100. Geburtstag der
Route 66 eröffnete unlängst eine neue
Attraktion: Die Illinois State Fair Route
66 Experience ist noch ein Geheimtipp.
Doch die Sammlung historischer Neon-
zeichen dürfte sich schon bald als neuer
Besuchermagnet etablieren und dem
beliebten Neon Museum in Las Vegas alle
Ehre machen. Gerade zum Sonnenuntergang funkeln die Reklameschriften besonders fotogen und lassen einen in Träumen
schwelgen: Wie war es früher wohl hier
auf einem Roadtrip? Wer wissen möchte,
wo und wie viele der markanten Leucht-
zeichen hergestellt werden, besucht die
Ace Sign Co. Der Familienbetrieb fertigt
Neonschilder seit 1940 und hat auch schon
den New Yorker Times Square ausgestattet. Reisende sind jederzeit willkommen
und können einen Blick hinter die Kulis-
sen werfen. Vergleichsweise jung ist das

Ron Metzger, heute 66 Jahre, hat vor einigen Jahren mit dem Route 66 Motorheads Bar and Grill, Museum and Entertainment Complex eine neue Legende geschaffen.

Josh Waldmire führt den Familienbetrieb Cozy Dog Drive In weiter und bewahrt den Mythos Route 66.

Route History Museum. In den Räumen einer alten Tankstelle trifft Innovation auf Historie: Mit Virtual Reality-Brillen lässt sich erleben, wie einst die schwarze Bevölkerung die Route 66 geprägt hat.

Kulinarisch ist Springfield ebenfalls ein Hotspot für Nostalgiefans: Als eine der Topattraktionen der gesamten Mother Route gilt der erst vor einigen Jahren eröffnete Route 66 Motorheads Bar and Grill, Museum: Live-Musik, ein Museum, eigenes Bier – und natürlich das Horseshoe: DAS Gericht in Springfield schlechthin, bestehend aus Toast, belegt mit Fleisch, knuspriger Pommes frites und hausgemachter Käsesauce. Dank des größten Neonschilds entlang der Mother Road ist der Unterhaltungskomplex, einst

eine Tankstelle, nicht zu verfehlen. Schon seit 1946 ist das Cozy Drive In eine Legende – und zwar für seinen Corn Dog, der dank einer ganz eigenen Rezeptur besonders köstlich ist. Als klassischer Diner – und selbst werktags zum Frühstück gut besucht – empfiehlt sich Charlie Parker's Diner. Reisende mit Appetit auf moderne amerikanische Küche wählen die Craft-Beer-Brauerei Obed & Isaac's – und zum Frühstück wiederum das Incredibly Delicious: eine Bäckerei wie sie auch in Paris zu finden sein könnte.

On the Road Again

Nur wenige Kilometer weiter bietet sich das Litchfield Museum & Route 66 Welcome Center für einen Stopp an. Hier bekommen Reisende einen strukturierten Überblick zur legendären Straße. Prunkstück der Sammlung: ein historischer Ford T. Funfact: Manch einer der Mitarbeiter und freiwilligen Helfer hat selbst noch den Traum, eines Tages die Route 66 komplett zu erfahren. Direkt gegenüber liegt mit dem Cafe Ariston ein weiterer

etablierter Diner. Antikes und Skurriles – und so mancher Muffler Man – findet sich sind indes am nächsten Stopp. Die Pink Elephant Antique Mall mit mehr als 50 Antiquitäten und Trödelhändlern ist quasi „Bares für Rares" in Illinois.

Erholung am Mississippi

So langsam nähert sich nun die Grenze zu Missouri. St. Louis ist die nächste große Stadt und wird sogar von Deutschland aus nonstop angeflogen. Bis zum offiziellen Ziel der Route 66 im kalifornischen Santa Monica erwarten Reisenden jetzt noch 3000 Kilometer. Zeit für eine Pause!

Und ähnlich wie die Route 66 ist auch der Mississippi River eine Legende – und nicht weit entfernt. So heißt es in schließlich Edwardsville an der unlängst liebevoll restaurierten Tankstelle West End Service Station, die bis 1964 Reisende versorgte: Bye bye Mother Road. Das beschauliche Grafton, direkt am Mississippi, bietet alles, was ein Urlauber für entspannte Tage braucht. Kleine Restaurants, Bootsfahrten, Ziplining und mehr. Von der Terrasse der Weinbar des gemütlichen Aerie's Resort mit seinen behaglichen Ferienwohnungen hoch oben auf dem Berg fällt der Blick auf den Mississippi – dann weiter gen Westen.

Aerie's Resort: Entspannen am Mississippi – mit Ziplining und mehr

Einmal durchatmen, ehe weitere Abenteuer und Zeitreisen auf der Route 66 anstehen. Entlang der Legende lässt sich ein ganz anderes Amerika erleben als in den Metropolen. Authentischer, ehrlich, voller Herzblut. Kein Wunder, dass die Mutter aller Roadtrips bis heute begeistert. Reisende, ob aus den Vereinigten Staaten oder Übersee, verlieben sich schnell in den Charme der Mother Road. Auch ich werde wiederkommen. Illinois' Route 66 ist gut für eine Wiederholung – von den restlichen Meilen bis zum Pazifik ganz zu schweigen.

USA | Illinois

87

Die West End Service Station glänzt auch mit einer kleinen Ausstellung.

enjoyillinois.com/things-to-do/route-66-in-illinois

JOLIET *visitjoliet.com*
Old Joliet Prison: 1125 Collins St, Joliet, IL 60432, *jolietprison.org*
Joliet Area Historical Museum: 204 N Ottawa St, Joliet, IL 60432, *jolietmuseum.org*
Joliet Route 66 Diner: 22 W Clinton St, Joliet, IL 60432
Harrah's Joliet Hotel: Casino-Hotel der Caesars-Kette, zentrale Lage und gutes Restaurant (Reserve), ab 199 USD; 151 N Joliet St, Joliet, IL 60432, *caesars.com/harrahs-joliet/hotel*

PONTIAC *visitpontiac.org*
Route 66 Association of Illinois: 110 W Howard St, Pontiac, IL 61764, *il66assoc.org*
Pontiac Oakland Auto Museum: 205 N Mill St, Pontiac, IL 61764, *pontiacoaklandmuseum.org*
ACRESinn Market-Cafe & Restaurant: 107 W Madison, Pontiac, IL 61764, *acresinn.com*
Hampton Inn Pontiac: modernes Hotel, ansprechende Zimmer, ab 150 USD inkl. Frühstück; 2000 Grand Prix Drive, Pontiac, IL 61764, *hilton.com/en/hotels/bmipihx-hampton-pontiac/hotel-info*

LINCOLN *destinationlogancountyil.com/explore-our-towns/lincoln*
Postville Courthouse State Historic Site: 914 5th St, Lincoln, IL 62656, *dnrhistoric.illinois.gov/experience/sites/site.postville-courthouse.html*
Rt 66 Corner Garage: 1211 5th St, Lincoln, IL 62656

SPRINGFIELD *visitspringfieldillinois.com*
Abraham Lincoln Presidential Library: 212 N 6th St, Springfield, IL 62701, *presidentlincoln.illinois.gov*
Lincoln Home National Historic Site: Karten werden morgens für den gleichen Tag ausgegeben; 413 S 8th St, Springfield, IL 62701, *nps.gov/liho*
Illinois State Capitol Building: 401 S 2nd St, Springfield, IL 62701, *enjoyillinois.com*
Illinois State Fair Route 66 Experience: 801 E Sangamon Ave Springfield, Il 62702; *visitspringfieldillinois.com/LocationDetails/?id=The-Illinois-State-Fair-Route-66-Experience*
Ace Sign Co.: 2540 S 1st St, Springfield, IL 62704, *acesignco.com*
Route History Museum: 737 E Cook St, Springfield, IL 62703, *routehistory.net*

Dana-Thomas House: 301 E Lawrence Ave, Springfield, IL 62703, *dnrhistoric.illinois.gov/experience/sites/site.dana-thomas-house.html*
Cozy Dog Drive In: 2935 S. 6th St, Springfield, IL 62703, *cozydogdrivein.com*
Route 66 Motorheads: 600 Toronto Rd, Springfield, IL 62711, *66motorheads.com*
Charlie Parker's Diner: 700 W North St, Springfield, IL 62704, *charlieparkersdiner.net*
Obed & Isaac's Microbrewery: 500 S 6th St, Springfield, IL 62701, *obedandisaacs.com*
Incredibly Delicious: 925 S 7th Street Springfield, IL 62703, *incrediblydelicious.com*
Springhill Suites by Marriott: luxuriöses Hotel mit Frühstück, schönen Zimmern und Innenpool, am Stadtrand, ab 146 USD; 3921 S MacArthur Blvd, Springfield, IL 62711, *marriott.com/en-us/hotels/spish-springhill-suites-springfield-southwest/overview*

LITCHFIELD *visitlitchfield.com*
Litchfield Museum: 334 Historic Old Route 66 N, Litchfield, IL 62056, *litchfieldmuseum.org*
The Ariston Cafe: 413 Historic Old Route 66 N, Litchfield, IL 62056, *ariston-cafe.com*

LIVINGSTON
Pink Elephant Antique Mall: 908 Veterans Memorial Dr, Livingston, IL 62058, *pinkelephantantiquemall.com*

EDWARDSVILLE
West End Service Station: 620 St Louis St, Edwardsville, IL 62025, *cityofedwardsville.com/westend*

GRAFTON *riversandroutes.com/cities-towns/visit-grafton*
Aerie's Resort: schmuckes Resort mit Restaurant, Zipline, Zimmern im Ort und hoch oben auf einem Berg mit Traumblick auf den Mississippi, ab 159 USD; 14 W Main St, Grafton, IL 62037, *aeriesresort.com*

Das Beste aus Nord- und Südstaaten

Die Cincy Region bietet vielfach den idealen Ausgangspunkt für eine USA-Rundreise. Darüber hinaus ist die charmante Region am Ohio River selbst ein echtes Highlight. Unser Tipp: 48 Stunden Cincy Region!

Tag 1 beginnt in Cincinnati mit einer Food Tour über den historischen Findlay Market – ein Ort wie gemacht, um sich durch die regionalen Spezialitäten zu probieren, darunter Goetta, Cincys ganz eigene Interpretation von Frühstücksfleisch. Später am Tag kommen Shopping-, Architektur- und Bierfans auf ihre Kosten, in einem Viertel, das sich Over the Rhine nennt. Die rheinländische Kultur seiner ersten Siedler spiegelt sich bis heute in unzähligen Brauereien, wie der Rhinegeist Brewery, wider. Besonders reizvoll ist das Ufer des Ohio River. Vor dem amerikanischen Bürgerkrieg bedeutete der Fluss für entflohene Sklaven aus dem Süden die Grenze zu einem Leben in Freiheit. Das National Underground Railroad Museum im Stadtteil The Bank ist diesem Teil der Geschichte gewidmet - unweit des Black Music Walk of Fame. Liebhaber moderner Kunst werden ihr Herz im Rahmen einer Mural Tour von Art Works an die unzähligen Wandgemälde der Stadt verlieren. Nostalgiker zieht es ins American Sign Museum.

Tag 2 führt über die berühmte Roebling Bridge nach Nord-Kentucky und beinhaltet idealerweise ein Frühstück bei Roebling Books & Coffee in Bellevue, gegen Mittag eine Portion Cincy Chilli bei Dixie Chili &

Deli und abends ein Dinner an Bord des BB Riverboat. Allesamt herzhafte Energiespender für einen Tag voller Abenteuer. Familien besuchen in Newport das Aquarium oder reisen auf einer Gangster Tour zurück in eine Zeit, in der die Mafia in diesem Städtchen ihr Unwesen trieb. Hochprozentiges für Erwachsene verspricht eine Tour entlang des North Kentucky Bourbon Trail (B-Line), am besten so geplant, dass diese im pittoresken Mainstrasse Village vom Mutter Gottes Viertel in Covington endet. „Cheers!" auf perfekte 48 Stunden in der Cincy Region!

Über die bekannte Roebling Bridge kann man von Cincinnati, Ohio, nach Kentucky spazieren.

Der historische Findlay Market lockt mit vielen regionalen Spezialitäten.

360° Kalender

360° Premiumkalender

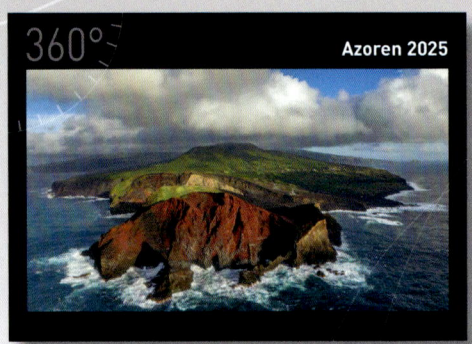

Azoren 2025

Bretagne 2025

Dolomiten 2025

Island 2025

Premiumkalender	Format 50 x 35 cm
Alpen	978-3-96855-557-7
Australien	978-3-96855-510-2
Azoren	978-3-96855-539-3
Bayerische Alpen	978-3-96855-542-3
Berlin	978-3-96855-532-4
Bretagne	978-3-96855-527-0
Costa Rica	978-3-96855-536-2
Dolomiten	978-3-96855-518-8
Europas Magische Orte	978-3-96855-538-6
Gardasee	978-3-96855-517-1
Griechenland	978-3-96855-534-8
Hawaii	978-3-96855-523-2
Irland	978-3-96855-522-5
Island	978-3-96855-514-0
Japan	978-3-96855-531-7
Kanada – Der Westen	978-3-96855-511-9
Kanada – Nova Scotia	978-3-96855-529-4
Lofoten	978-3-96855-525-6
Namibia	978-3-96855-520-1
Neuseeland	978-3-96855-513-3
Nordlichter	978-3-96855-524-9
Norwegen	978-3-96855-519-5
Schottland	978-3-96855-515-7
Schweden	978-3-96855-535-5
Schweiz	978-3-96855-526-3
Sizilien	978-3-96855-540-9
Skandinavien	978-3-96855-530-0
Südsee	978-3-96855-537-9
Südtirol	978-3-96855-516-4
Sylt	978-3-96855-533-1
Toskana	978-3-96855-521-8
USA – Der Westen	978-3-96855-512-6
Vietnam	978-3-96855-528-7
Wales	978-3-96855-541-6

Jeweils 14 Kalenderblätter, Spiralbindung

26,95 €

TRAUMKALENDER 2025
GEGEN FERNWEH

Südtirol 2025

Schottland 2025

Toskana 2025

Vietnam 2025

360° Exklusivkalender

NORWEGEN 2025
Limited Edition

IRLAND 2025
Limited Edition

Exklusivkalender	Format 70 x 50 cm
Australien	978-3-96855-544-7
Euopas Hoher Norden	978-3-96855-547-8
Irland	978-3-96855-551-5
Island	978-3-96855-546-1
Japan	978-3-96855-550-8
Kanada	978-3-96855-549-2
Namibia	978-3-96855-554-6
Neuseeland	978-3-96855-543-0
Norwegen	978-3-96855-545-4
Schottland	978-3-96855-552-2
Südtirol & Dolomiten	978-3-96855-553-9
USA – Der Westen	978-3-96855-548-5

Jeweils 14 Kalenderblätter, Spiralbindung

49,95 €

48 Stunden in Louisville

Sport, Historie und Bourbon

Autor: Christian Dose

Punkt 19.33 Uhr schlägt im Hotel Distil die Glocke. Überraschend die Uhrzeit. Doch das Rätsel löst sich schnell, als nach einer kurzen Ansprache die Gäste der kleinen Zeremonie „Cheers" rufen und sich mit einem Bourbon zuprosten: Hier erinnert man sich allabendlich bei einem „Toast" in der Hotel-Lobby an das Ende der Prohibition im Jahr 1933. Zeiten, die sich niemand in Louisville (und wohl auch sonst in den USA) zurückwünscht. Doch die größte Stadt im US-Bundesstaat Kentucky steht für viel mehr als nur köstlichen Bourbon. 360° NordAmerika mit einem Portrait des vielfältigen Louisville.

Im Hotel Distil, im Herzen von Louisville, wird jeden Tag das Ende der Prohibition gefeiert.

8.00 Uhr: Hot Brown zum Frühstück

Es ist das typische Gericht der Stadt: ein üppiges aufgeschnittenes Truthahn-Sandwich mit Bacon und überbacken mit cremiger, käseähnlicher Mornay-Sauce, zusammen bekannt als The Hot Brown. Am besten genießen Urlauber das kräftige Frühstück im ehrwürdigen Hotel The Brown, wo es 1923 erstmals serviert wurde. Eine halbe Portion ist übrigens mehr als ausreichend. Im Anschluss unbedingt noch das Foyer und den Ballsaal besuchen: eine Hommage an den Luxus mit einer englischen Renaissance-Inneneinrichtung.

Louisville Slugger Museum & Factory

Louisville gefertigt: Im Louisville Slugger Museum & Factory lässt sich bei einer geführten Besichtigung nicht nur erleben, wie der Holz-Schläger hergestellt wird. Hier kann jeder das Sportgerät eines berühmten Spielers in die Hand nehmen, beispielsweise von Stars wie Babe Ruth oder Johnny Bench – ein echtes Stück Sportgeschichte. Nach dem Rundgang bekommt jeder einen Schläger aus Kunststoff geschenkt.

10.00 Uhr: Kentuckys Geschichte

Der Reise durch die Welt des Baseballs folgt der Rundgang durch den Bluegrass State. Praktischerweise nur wenige Meter entfernt liegt das Frazier History Museum. Das Haus bietet einen kompakten Überblick über Kentucky. Ebenso interessant: die Schau zu den legendären Entdeckern

Blick ins stilvolle Hotel The Brown

9.00 Uhr: Inside Baseball

Dass die USA eine begeisterte Sportnation sind, ist weithin bekannt. Zu den Top4-Sportarten zählt Baseball. Und das wohl wichtigste Spielgerät wird mitten in

Das Frazier History Museum ist Ausgangsort für den Kentucky Bourbon Trail und zeigt in der Bottle Hall mehr als 500 Flaschen Bourbon.

Lewis und Clark mit ihrer Expedition 1804 in den Westen der USA sowie die Bourbon Bottle Hall mit mehr 500 Flaschen unterschiedlicher Destillerien. Passend dazu beherbergt das Frazier History Museum seit 2018 das Bourbon Trail Welcome Center, den offiziellen Startpunkt des Kentucky Bourbon Trail.

11.00 Uhr: Mythos Muhammad Ali

Er ist nicht nur der berühmteste Sohn der Stadt, sondern gilt als einer der herausragenden Sportler aller Zeiten: Muhammad Ali, geboren als Cassius Clay, hat als Schwergewichtsboxer gleich drei Mal den Weltmeistertitel erkämpft. Das Muhammad Ali Center ist eine einzigartige Hommage an den Spitzensportler. Die Ausstellungen und der 14minütige Film „If You Can Dream" würdigen sowohl seine Erfolge als Athlet als auch politischer Aktivist, der sich unter anderem für die Rechte der schwarzen Bevölkerung und den weltweiten Frieden einsetzte. Zwischen vielen Exponaten können sich Besucher hier selbst als Boxer beweisen. Ein bewegendes Leben, hier im Museum eindrucksvoll in Szene gesetzt. Muhammed Ali starb zwar in Scottsdale, Arizona. Die letzte Ruhe fand er indes hier in Louisville: Sein vergleichsweise bescheidenes Grab auf dem Cave Hill Cemetery ist öffentlich zugänglich.

12.30 Uhr: Stadtbummel

Die Main Street macht ihrem Spitznamen Whiskey Row alle Ehre – auch schon mittags. Bars und Destillerien prägen das Bild. Überall lässt sich Bourbon probieren. Und, nein, man hat nicht zu viel probiert, wenn man plötzlich vor einer prächtigen David-Statue nach italienischem Vorbild steht. Das 21c Museum Hotel Louisville ist für seine außergewöhnlichen Kunstexponate bekannt. Ungeachtet dem Hot Brown zum Frühstück bietet sich vor der nächsten Tour noch ein Snack an, beispielsweise im Doc Crow's mit seinen herzhaften BBQ-Gerichten.

Muhammad Ali Center: eine Hommage an den berühmten Box und bekanntesten Sohn der Stadt

Entlang der Whiskey Wow lässt sich vielerorts der Bourbon genießen.

Herrliche Pause: Water-front Park am Ohio River

15.00 Uhr: Bourbon-Verkostung

Und eine Tür weiter wird darf nun wirklich probiert werden: Die Old Forester Distilling Co. zählt seit der Gründung 1870 zu den traditionsreichsten Destillerien Kentuckys – und hatte als erste Anbieter den Bourbon in Flaschen abgefüllt. Das prächtige Gebäude steht an historischer Stelle und ist bis heute als Produktionsstätte in Betrieb. Auf einer geführten Tour lernen Besucher alle Produktionsschritte kennen, können direkt in den Maische-Tank schauen. Köstlicher Schlusspunkt: eine Verkostung von vier verschiedenen Bourbons.

16.30 Uhr: Relaxen am Fluss

Nach so viel Sightseeing, Lifestyle und US-Geschichte lohnt eine Pause. Und was könnte es dafür Besseres geben als den Waterfront Park? Hier schlendert es sich entspannt entlang des Ohio River. Kleine Kunstwerke sowie das Lincoln Memorial sind zusätzliche Hingucker. Und wer noch aktiv sein möchte, kann zu Fuß einen Abstecher in den nächsten Bundesstaat machen: Die Big Four Bridge verbindet Kentucky und Indiana miteinander. Abends lässt hier zudem eine sehenswerte Lightshow bestaunen.

Nicht verpassen: Führung und Tasting in der Old Forester Distilling Co.

Kubanische Küche in Kentucky

19.00 Uhr: Nightlife in NuLu

Als angesagtes Ausgehviertel hat sich der East Market District einen Namen gemacht. Feinste kubanische Küche, wie man sie eher in Florida erwartet, genießen Urlauber in der Bodeguita De Mima Cuban. Für einen Bourbon empfiehlt sich Gertie's Whiskey Bar.

Tag 2:

9.30 Uhr: Derby-Feeling

An jedem ersten Samstag im Mai schaut ganz Amerika – zumindest das sportlich interessierte US-Publikum – auf Louisville: Dann herrscht Derby-Fieber beim traditionelle Kentucky Derby, seit der Premiere 1875. Mehr als 160.000 Zuschauer, davon 100.000 auf dem Freigelände und 60.000 auf den Tribünen, fiebern mit, wenn die bis zu 20 dreijährige Pferde mit ihren Jockeys auf das etwa zwei Kilometer lange Rennen gehen.

Und auch an jedem anderem Tag im Jahr kommt Derby-Stimmung auf: Die Rennbahn Churchill Downs samt angrenzenden Kentucky Derby Museum sollte sich niemand entgehen lassen. Bei den Führungen erfahren die Besucher viel über die Tradition des Rennens – beispielsweise, dass die Bestzeit bei knapp unter zwei Minuten liegt – und stehen direkt auf den Tribünen. In Anschluss lohnen der zehnminütige Film und das Museum, seit April dieses Jahres mit einer neuen Attraktion samt virtueller Effekte. Und wer Glück hat, entdeckt in den Ställen sogar einen echten Derby-Sieger: im März beispielsweise Mine That Bird, der Gewinner im Jahr 2009.

Churchill Downs ist Heimat des Kentucky Derby: Die Rennbahn und das Museum lassen sich täglich besuchen.

12.00 Uhr: Wagner's Pharmacy

Für einen Snack oder Lunch steuert man dann am besten eines der ältesten Restaurants der Stadt an: Wagner's Pharmacy liegt nur zwei Autominuten entfernt. Zuweilen treffen Urlauber dann hier auch Jockeys oder Trainer der Rennbahn.

13.30 Uhr: Kunstschau

Neben dem Frazier History Museum ist Louisville auch für das Speed Art Museum bekannt. Das größte Museum des Bundesstaates beherbergt dauerhaft eine sehens-werte Schau indigener Kunst, ebenso eine Sammlung lokaler Künstler.

15.00 Uhr: Spaziergang durch Old Louisville

Wer in die Straßen südlich von Downtown kommt, ist überrascht: Hier reiht sich ein architektonisches Highlight ans nächste. Old Louisville gilt als die größte zusammenhängende Siedlung viktorianischer Herrenhäuser in den Vereinigten Staaten. Insgesamt als 1000 Häuser unterschiedlicher Baustile bilden das denkmalge-

---

gotolouisville.com

ANREISE
Louisville ist von Deutschland aus nur per Umsteigeverbindung erreichbar. Alternativ rund fünf Autostunden ab St. Louis oder Chicago.

AKTIVITÄTEN
Louisville Slugger Museum & Factory: 23 USD Eintritt; 800 W Main St, Louisville, KY 40202, *sluggermuseum.com*
Frazier History Museum: 14 USD pro Person (ohne Verkostung); 829 W Main St, Louisville, KY 40202, *fraziermuseum.org*
Muhammad Ali Center: Mittwoch bis Sonntag geöffnet, 20 USD Eintritt; 144 N 6th St, Louisville, KY 40202, *alicenter.org*
Old Forester Distilling Co.: Dienstag bis Samstag, Besichtigungen inklusive Verkostung für 32 USD; 119 W Main St, Louisville, KY 40202, *oldforester.com/distillery*
Kentucky Derby Museum: Besichtigungen ab 20 USD; 704 Central Ave, Louisville, KY 40208, *derbymuseum.org*
Speed Art Museum: Mittwoch bis Sonntag, 15 USD; 2035 S 3rd St, Louisville, KY 40208, *speedmuseum.org*
Louisville Historic Tours: 25 USD; *louisvillehistorictours.com*

ESSEN & TRINKEN
The Brown Hotel's J. Graham Café: 335 W Broadway, Louisville, KY 40202, *brownhotel.com/j-grahams-café*
Doc Crow's: 127 W Main St, Louisville, KY 40202, *doccrows.com*

La Bodeguita De Mima Cuban Restaurant and Rum Bar: 725 E Market St, Louisville, KY 40202, *labodeguitademima.com*
Gertie's Whiskey Bar: 821 E Market St Suite 101, Louisville, KY 40206, *gertieswhiskeybar.com*
Buck's Restaurant: 425 W Ormsby Ave, Louisville, KY 40203, *buckslou.com*
Repeal Oak Fired Steakhouse: 101 W Main St 101, Louisville, KY 40202, *repeallouisville.com*
Merle's Whiskey Kitchen: 122 W Main St, Louisville, KY 40202, *merleswhiskeykitchen.com*

ANREISE
Hotel Distil Autograph Collection: luxuriöses und stilvolles Haus mit perfekter Lage an der Whiskey Row, komplett im Bourbon-Stil eingerichtet, täglich um 19.33 Uhr mit Bourbon-Verkostung, ab etwa 300 USD; 101 W Main St, Louisville, KY 40202, *marriott.com/en-us/hotels/sdfak-hotel-distil-autograph-collection/overview*

Old Louisville: ein architektonisches Schmuckstück

schützte Viertel. Natürlich lässt sich Old Louisville gut individuell durchstreifen. Doch ein ortskundiger Guide von Louisville Historic Tours kann viel zur Historie der Häuser berichten. Bourbon-Barone, Rennbahn-Könige und Tabak-Titanen hinterließen hier ihre Spuren. Auch kennt der Guide so manch elegante Gasse, die für Außenstehende gar nicht erkennbar ist. Von außen eher unscheinbar findet sich hier zudem mit dem Buck's eines der besten Restaurants der Stadt.

18.00 Uhr: Bourbon District
An der Whiskey Row ist die Auswahl an Restaurants und Bars so groß, dass ein jeder den perfekten Platz für einen Bourbon findet. Gediegen und köstlich diniert es sich im Repeal Oak Fired Steakhouse des Hotel Distil. Mit Livemusik wiederum punktet Merle's Whiskey Kitchen gleich gegenüber – und wurde vom Online-Portal Tasting Table als eine der 15 besten Bourbon Bars der USA gelobt. Wie sollte ein Trip nach Louisville besser enden als hier im historischen Zentrum?

Nightlife an der Whiskey Row

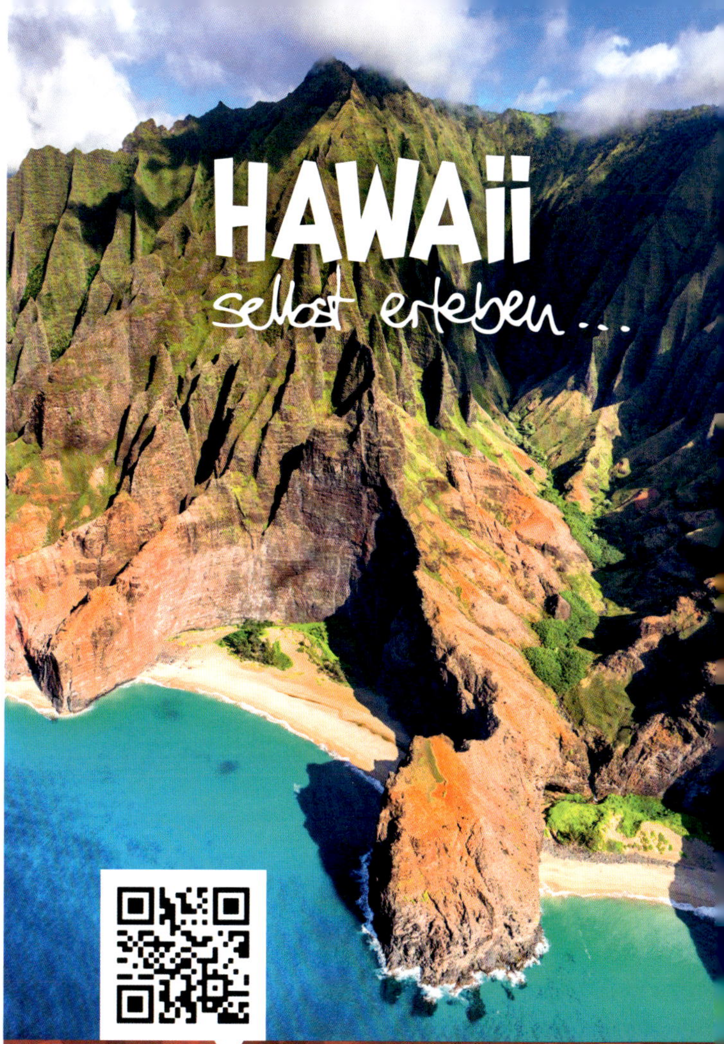

South Dakota

Mehr als nur Mount Rushmore

Autor: Christian Dose

*Badlands National Park:
farbenfrohe Felsen in
einem Schutzgebiet ab-
seits der üblichen Routen*

Mount Rushmore ist eine der beliebtesten Attraktionen des Landes Hier erinnert man sich der vielleicht vier wichtigsten US-Präsidenten. Tipp: Das nahe Crazy Horse Memorial wiederum ehrt den Oglala-Lakota-Indianers Crazy Horse und ist deutlich größer als Mount Rushmore.

Nicht einmal eine Million Menschen leben in den Weiten von South Dakota. Doch drei Mal so viele Besucher steuern jedes Jahr einen einzigartigen Ort voller Historie an: Mount Rushmore. Die vier in den Fels geformten Präsidentenköpfe sind ein Sehnsuchtsziel. Doch es lässt hier viel mehr erleben: pittoreske Wildwest-Romantik und Landschaften, die ganz eigen wirken. Unser Autor stellt drei lohnenswerte Orte abseits der üblichen Routen in den USA vor – und natürlich das berühmte National Memorial, das einst den Tourismus in South Dakota überhaupt erst begründete.

1. Mount Rushmore

Wer erstmals die prächtigen Präsidenten sieht, ist überwältigt. Vier monumenta-

le Köpfe – George Washington, Thomas Jefferson, Theodore Roosevelt und Abraham Lincoln (von links nach rechts). Rund drei Millionen Urlauber staunen alljährlich über das Kunstwerk, das hier zwischen 1927 und 1941 am Mount Rushmore geschaffen wurde.

Den besten Blick genießen Besucher von der Grand View Terrace. Von hier aus ist auch das darunterliegende Besucherzentrum Lincoln Borglum Visitor Center zugänglich. Ebenfalls nicht verpassen: den Presidential Trail. Der kurze, etwa ein Kilometer lange Wanderweg führt einmal rund ums Amphitheater und offeriert ganz neue Perspektiven. Bei großem Interesse an der Bauweise bietet sich ein Abstecher ins Sculptor's Studio am Presidential Trail an: Hier lässt sich ein Modell von Mount Rushmore im Maßstab 1:12 bewundern. Abends sollte Reisende erneut das Memorial ansteuern: Die abendliche Zeremonie samt Lichtershow auf die vier Präsidentenköpfe ist lehrreiche wie unterhaltsame Abendunterhaltung.

2. Badlands National Park

Der Name könnte nicht irreführender sein: „Badlands" – also „schlechtes Land" – passt überhaupt nicht zu dem, was Mutter Natur hier in den Weiten von South Dakota geschaffen hat. Eigenartige farbenfrohe Felsformationen, dazu Prärieland und Wildlife. Die zahlreichen Aussichtspunkte faszinieren mit einem unvergesslichen Blick über den 1978 eröffneten Nationalpark. Wie ein Meer von Felsen erstreckt sich vor einem die Landschaft. Zudem sind viele Tiere hier im Park heimisch. Gerade Dickhornschafe lassen sich hier oft beobachten, ebenso Maultierhirsche, Weißwedelhirsche und Gabelböcke sowie Füchse, Kojoten und Präriehunde.

Am besten erkunden Reisende das Schutzgebiet entlang der sogenannten Loop Road (ausgewiesen als Highway 240), die durch den nördlichen und einfach zugänglichen Teil des Nationalparks führt. Wer von Osten den Park erreicht, ist gleich fasziniert: Der Big Badlands Overlook ist die perfekte Einstimmung. Als kleine Wanderung empfiehlt sich der kurze Windows Trail zu einem natürlichen Fenster im Fels. Zudem starten vom Startpunkt am Windows Overlook zwei kurze

Naturlehrpfade. An insgesamt gut einem Dutzend Aussichtspunkten führt die etwa 52 Kilometer lange Loop Road vorbei – jeweils anders und doch immer wieder schön. Bei der Fahrt entlang der Loop Road haben Reisende bereits den Cedar Pass passiert. Zum Sonnenuntergang wird der Cliff Shelf Nature Trail zum Hotspot: Vom kurzen aber steilen Weg genießen Natur- und Fotofreunde den wohl schönsten Sunset.

Ebenso lehrreich wie der kurze Wanderweg ist das Ben Reifel Visitor Center. Mit Videos und vielen Exponaten erfahren Reisende viel darüber, wie diese ikonische Landschaft von Wind und Wasser in Millionen von Jahren geformt wurde – ebenso über die lange Historie der indigenen Bevölkerung.

Dickhornschafe lassen sich im Badlands National Park oft blicken.

Aus der Luft wirken die Felsen nochmals eigenwilliger.

Im Custer State Park ist die angeblich zweitgrößte Büffelherde des Landes heimisch.

3. Custer State Park

Dass die State Parks zu Unrecht im Schatten der viel besuchten Nationalparks stehen, beweist dieses Schutzgebiet par excellence: eine eindrucksvolle Landschaft dazu eine artenreiche Tierwelt.

Inmitten der Black Hills erstreckt sich das Schutzgebiet über viele tausend Hektar. Doch keine Sorge, der Custer State Park lässt sich leicht erkunden: Die schönsten Plätze im Park verbindet die 29 Kilometer lange Wildlife Loop Road. Gerade morgens und abends lassen sich hier Büffel beobachten. Und wie auch in anderen Schutzgebieten gilt: Tiere haben Vorfahrt! Denn zuweilen kreuzen die Büffel, das größte Landsäugetier, die Straße. Die hiesige Herde umfasst rund 1300 Tiere – angeblich die zweitgrößte der USA. Daneben stehen die Chancen gut, Wapiti, Dickhornschafe und Gabelböcke zu sichten. Auch Adler, Falken und Präriehunde sind hier heimisch – wildlebende Esel nicht zu vergessen. So fühlt sich eine Fahrt über die Scenic Road schnell wie eine Pirschfahrt in den Weiten Afrikas an. Daneben besticht die wilde Landschaft mit ihren Gesteinsformationen. Ein erster Fotostopp hierfür empfiehlt sich auf Weg in den Park am Peter Norbeck Scenic Byway. Ebenso eindrucksvoll: der Sylvan Lake. Überhaupt, der Park animiert zu Outdoor-Aktivitäten wie Kletter- und Kajaktouren sowie Reitausflügen.

4. Deadwood

Die Aufforderung ist eindeutig: „Werde Zeuge der Schießerei um 14 Uhr", heißt es an einer Fahne am Laternenmast. Gelegen auf halben Weg zwischen Devils Tower und Rapid City, ist Deadwood seit dem 19. Jahrhundert als heißes Pflaster bekannt – wenngleich heute nur noch für die Touristen, die die charmante Westernstadt besuchen. Gleich mehrfach am Tag (Sonntage ausgenommen) stellen Schauspieler die Szenen der Vergangenheit nach. Goldsucher gründeten die Stadt 1876, Saloons und Hotels öffneten schnell. Rasch etablierte sich Deadwood und lockte vielerlei Menschen an. Entsprechend wild ging es zuweilen her – die Shootouts erinnern daran. Gleich zwei Mal zerstörten Brände Teile der Innenstadt, die heute als echt schmuckes Westernstädtchen glänzt. Und

Deadwook: liebenswerte Westernstadt mit Main Street ...

ein Spaziergang entlang der Main Street verrät es: Hier lässt sich die Urlaubskasse aufbessern. Um den Wiederaufbau zu finanzieren, ist seit 1989 das Glücksspiel gestattet.

Wer mehr Impressionen aus früherer Zeit genießen möchte, wird im Adams Museum nahe zur historischen Main Street fündig: eine gut erhaltene Lokomotive, eine alte Kasse, ein historischer Spielautomat – wie die Innenstadt eine gepflegte Sammlung aus der Zeit, als South Dakota erschlossen wurde. Wessen Interesse geweckt wurde,

... historischer Eisenbahn im Adams Museum.

besucht zudem das Days of '76 Museum am Stadtrand. Vor allem die mehr als 50 Kutschen und Buggys sowie die große Sammlung an Waffen begeistern.

travelsouthdakota.com
greatamericanwest.de

ANREISE
Nächster internationaler Flughafen ist Denver, Colorado, sechs Fahrstunden entfernt und täglich ab Frankfurt/Main und München nonstop mit Lufthansa und United Airlines erreichbar. Alternativ mit Umsteigen nach Rapid City.

MOUNT RUSHMORE
nps.gov/moru

Mount Rushmore liegt etwa 30 Autominuten südlich von Rapid City. Der Besuch ist kostenlos (Parkgebühren: 10 USD). Im nahen Keystone finden sich Restaurants, Aktivitäten sowie Hotels, beispielsweise das Ramada by Wyndham Keystone (ab 130 USD; 115 Swanzey St, Keystone, SD 57751, *wyndhamhotels.com/ramada/keystone-south-dakota/ramada-keystone/overview*).

BADLANDS NATIONAL PARK
nps.gov/badl

Der Badlands National Park findet sich eine Stunde östlich von Rapid City. Pro Fahrzeug kostet der Eintritt 30 USD. Alternativ gilt der US-Nationalparkpass „America The Beautiful". Direkt im Park bieten sich die Cedar Pass Lodge (*cedarpasslodge.com*) sowie zwei Campingplätze (*nps.gov/thingstodo/campgrounds-badl.htm*) zum Übernachten an.

CUSTER STATE PARK
gfp.sd.gov/parks/detail/custer-state-park

Der Custer State Park ist gut von Keystone und Rapid City erreichbar (jeweils etwa 30 Minuten). Pro Fahrzeug kostet der Eintritt 20 USD an. Im Schutzgebiet liegen mehrere Lodges (*custerresorts.com*) und neun Campingplätze (*gfp.sd.gov/csp-campgrounds*).

DEADWOOD
deadwood.com

Die Westernstadt liegt 45 Autominuten nordwestlich von Rapid City.
Adams Museum: täglich geöffnet (Oktober bis April nur Dienstag bis Samstag), 5 USD Eintritt; 54 Sherman St, Deadwood, SD 57732, *deadwoodhistory.com*
Days of '76 Museum: täglich geöffnet (Oktober bis April nur Dienstag bis Samstag), 10 USD Eintritt; 18 Seventy Six Drive Deadwood, SD 57732, *deadwoodhistory.com*

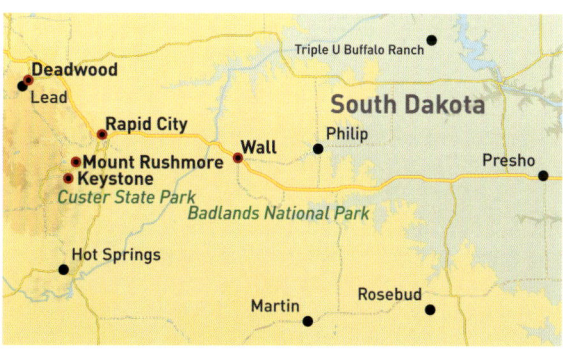

www.360grad-medienshop.de

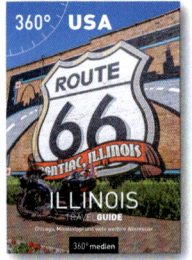

USA – ILLINOIS TRAVELGUIDE

50 Plätze sind im TRAVELGUIDE Illinois von zwei ausgewiesenen Amerika-Kennern portraitiert – damit Ihr Trip ganz unvergesslich wird und Sie die Schönheit des Bundesstaates genießen können.

360° medien, 272 Seiten, Preis 14,95 €
ISBN 978-3-96855-085-5

USA IM WOHNMOBIL

Wie plant man einen Roadtrip durch die USA? Dieses Buch liefert Antworten – informativ und kompakt! Außerdem stellt es zehn Rundreisen u.a. in die Nationalparks, nach Alaska und entlang der Route 66 vor.

360° medien, 288 Seiten, Preis 18,95 €
ISBN 978-3-96855-328-3

Kanada im Wohnmobil

Wie findet sich der passende Platz zum Übernachten? Welches Wohnmobil passt zu mir? Wie funktioniert die Wasserversorgung? Dieses Buch liefert zahlreiche wertvolle Tipps rund um eine Reise mit dem „RV" (Recreational Vehicle, wie die Kanadier sagen).

360° medien, 288 Seiten, Preis 18,95 €
ISBN 978-3-96855-507-2

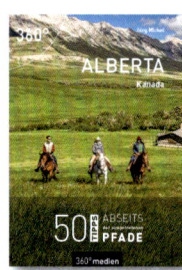

ALBERTA

Mit 50 Tipps abseits der ausgetretenen Pfade bringt der Autor die Prärieprovinz im Westen Kanadas näher und führt den Leser zu Zielen, die auch Einheimische gerne besuchen.

360° medien, 272 Seiten, Preis 14,95 €
ISBN 978-3-96855-006-0

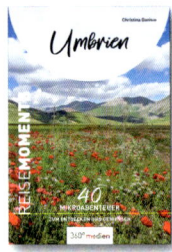

Umbrien – 40 Mikroabenteuer zum Entdecken und Genießen

Entdecken Sie in 40 ausgesuchten Mikroabenteuern Umbrien, sei es auf den Spuren der Kunst oder auf Wander- und Radtouren. Dieses Buch bringt Ihnen die Vielfältigkeit der Region näher und lässt auch die kulinarischen Höhepunkte nicht aus.

360° medien, 256 Seiten, Preis 16,95 €
ISBN 978-3-96855-399-3

Texel REISEGENUSS

Lassen Sie sich auf eine Genussreise entführen und erleben Sie die niederländische Nordseeinsel mit allen Sinnen. Tauchen Sie ein in die kulinarische Welt Texels und lassen Sie sich inspirieren!

360° medien, 256 Seiten, Preis 24,95 €
ISBN 978-3-96855-503-4

Produkte mit der Rundumbetrachtung für Reisedestinationen rund um den Globus. Zusätzliche Informationen und Online-Bestellmöglichkeit unter: www.360grad-medienshop.de
Versandkostenfreie Lieferung innerhalb Deutschlands

Weitere Bücher, Magazine, DVDs, Kalender und mehr finden Sie online.

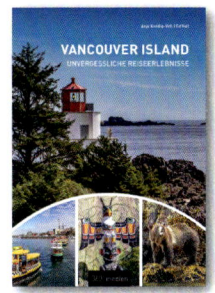

VANCOUVER ISLAND – Unvergessliche Reiseerlebnisse

Wer sich länger Zeit nimmt und genauer hinguckt, der entdeckt den ganz besonderen Zauber von Vancouer Island. Das Buch erzählt von aufregenden Abenteuern. Egal ob Mensch oder Tier, hier dreht sich alles um die Freiheit und das Meer.

360° medien, 144 Seiten, Preis 16,95 €
ISBN 978-3-96855-324-5

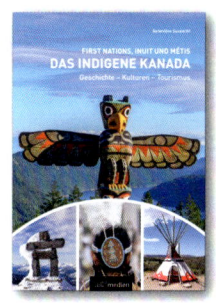

DAS INDIGENE KANADA

Geneviève Susemihl nimmt den Leser mit zu faszinierenden Orten und erzählt von persönlichen Erlebnissen und Begegnungen mit Mohawk, Blackfoot, Haida und anderen Indigenen in Kanada.

360° medien, 288 Seiten, Preis 24,95 €
ISBN 978-3-96855-319-1

WELTREISE DURCH DEUTSCHLAND

Mit diesem Buch kann man wohl die günstigste Weltreise seines Lebens machen! Es zeigt 50 Orte, an denen Sie die Welt mitten in Deutschland erleben können.

360° medien, 224 Seiten, Preis 19,95 €
ISBN 978-3-96855-275-0

360° UM DIE WELT
Alle Länder von Sonnenaufgang bis Sonnenuntergang

Start und Ziel dieses Buches ist die Datumsgrenze. Dazwischen liegen 360 Längengrade, 206 anerkannte und weniger anerkannte Staaten, Milliarden Menschen und unendlich viele Geschichten.

360° medien, 436 Seiten, Preis 19,95 €
ISBN 978-3-948097-81-3

Färöer ISLAND Grönland

Mit seinem Wohnmobil begibt sich der „hoteluntaugliche" Reisejournalist Wolf Leichsenring auf eine dreimonatige „Inseltour" in den Nordatlantik. Ein Abstecher per Flugzeug führt ihn für knapp zwei Wochen nach Grönland.

360° medien – traveldiary, 222 Seiten, Preis 16,95 €
ISBN 978-3-947944-09-5

Mit dem Fahrrad vom Atlantik bis ans Schwarze Meer

Auf Glückssuche zwischen Frankreich und Rumänien war die Autorin mit dem Fahrrad. Ein erfrischender Reisebericht mit Herz und Humor!

360° medien – traveldiary, 192 Seiten, Preis 14,95 €
ISBN 978-3-947944-11-8

360° medien | Nachtigallenweg 1 | 40822 Mettmann | Tel.: +49 2104 5063 100 | Fax: +49 2104 5063 156
Web: www.360gradmedien.de | E-Mail: info@360-gradmedien.de

Oregon

Vom „Mighty Columbia" zum Pazifik

Der Highway 101 schlängelt sich in zahlreichen Kurven immer am Pazifik entlang.

Die Multnomah Falls an der Columbia River Gorge: Knapp 190 Meter fällt das Wasser in zwei Stufen in die Tiefe.

D er pazifische Nordwesten gehört zu den abwechslungsreichsten Gegenden in den USA. In Oregon finden Reisende vieles, was einen Trip in die Natur so spektakulär macht: von gewaltigen Flüssen und Wasserfällen über Canyons und Wüsten bis hin zu immergrünen Nadelwäldern.

Mächtige Schlucht

Der Columbia River ist das mächtigste Gewässer in Oregon – abgesehen von der langen Küstenlinie des Pazifiks. Und er war schon immer die Lebensader für die Ureinwohner, die entlang des rund

2000 Kilometer langen Flusses leben, der im Lake Columbia in der kanadischen Provinz British Columbia entspringt und über viele Meilen die Grenze zwischen Oregon und dem Staat Washington bildet.

Kat Brigham setzt sich dafür ein, dass der Columbia River für die Nachwelt erhalten bleibt.

Drei Frauen sind besonders eng mit dem Fluss verbunden: Kat Brigham und ihre beiden Töchter Terrie Brigham and Kim Brigham-Campbell. Sie gehören zu den Confederated Tribes der Umatilla Indian Reservation. Vor allem Kat hat viel Zeit bei Politikern und in der Hauptstadt verbracht, um die Verschmutzung und Überfischung des Flusses zu stoppen und den Columbia River für die kommenden Generationen zu erhalten. Und natürlich für die Stämme der Ureinwohner, deren traditionelles Leben ohne „the mighty Columbia" nicht vorstellbar wäre.

Ihre Töchter Kim Brigham-Campbell und Terrie Brigham waren schon als Kinder beim Fischen und betreiben nun einen Laden in Cascade Locks.

Terrie und Kim sind die beiden Fischerinnen, die in dem kleinen Örtchen Cascade Locks seit zehn Jahren den Brigham Fish Market betreiben – und vor allem wild gefangenen Lachs und Stör anbieten. Als Fischbrötchen, geräuchert, frittiert und frisch, um ihn selbst auf dem Grill zuzubereiten Die Menschen kommen nicht nur von nah, sondern auch viele Meilen weit in die Wa Na Pa Street, um Fisch bei den beiden zu kaufen. Oder einfach, um zum Mittagessen zu bleiben und sich mit Freunden zu treffen.

In dem kleinen Geschäft in ihrer Heimatstadt nahe des Columbia River Gorge, etwa 60 Kilometer östlich von Portland, erinnert vieles an die Traditionen in der der Familie, Fotos zeigen die fischenden Vorfahren und die zwei kleinen Mädchen, die immer dabei waren. Die Brigham-Schwestern verkaufen, was Saison hat – denn auch für die Fischerei gibt es Jahreszeiten: So gibt es den Frühlingslachs und zur gleichen Zeit Stör, im Sommer Sockeye, Chinook und Steelhead, im Herbst zusätzlich Coho. Und zu jedem

Fisch gibt es eine Geschichte, die im Laden gern erzählt wird.

Vom Fischen ...

Eine Geschichte haben auch Elke und Alysia Littleleaf zu erzählen, die seit 2013 Angelbegeisterten das Fliegenfischen beibringen. Regenbogenforellen und Steelhead, ebenfalls eine Forellenart, sind es, die sie mit ihren Kunden am Lower Deschutes River im Reservat der Warm Springs fischen. „Das ist einer der besten Orte, um diese Fische zu fangen", sagt Alysia Littleleaf. 1700 Fische zählen sie hier per Flussmeile. Und für das Fliegenfischen braucht es Geduld, wie die beiden berichten. „Die bringt nicht jeder mit in der heutigen Zeit." Aber: Je länger die Männer und Frauen mit ihren Gummistiefeln im Wasser stehen und die Fliegenruten auswerfen, um so mehr kommen sie zur Ruhe. „Das ist wie Meditation."

Das Reservat liegt zwischen dem Mount Hood im Norden, dem Mount Jefferson im Süden und dem Deschutes River im

Der Columbia River trennt die Bundesstaaten Oregon und Washington voneinander. Die Gorge ist eine weite Felsenschlucht.

An diesen Plattformen im Columbia River fischen die Ureinwohner.

Wüste gibt es auch in Oregon: Durch den Smith Rock State Park fließt der Crooked River, umgeben von Felsen aus Tuffstein.

Osten. Es ist die Heimat von drei verschiedenen Stämmen in der Region: den Warm Springs, Wasco und den Paiute. Die Wasco und Warm Springs bezeichnen sich als „river people", Flußmenschen. Die Paiute hingegen kamen ursprünglich aus der Wüste im südöstlichen Oregon und lebten eher nomadisch – doch eine Gruppe siedelte sich in dem Reservat an.

... zum Raften

Aber nicht nur Fischen ist auf dem Deschutes River möglich, auch vergleichsweise wildes Rafting steht hier auf dem Programm – wenn das Wasser nicht mehr eisig ist und der notorische Regen in Oregon eine Pause macht. Deutlich ruhiger geht es auf dem Crooked River zu, der durch den Smith Rock State Park fließt – um einige Kurven und Kanten. Der Park in Terrebonne gehört zu den geologischen Highlights, wie Ranger Sam erklärt:

„Steile Klippen aus Tuffstein und Basalt ragen nahezu senkrecht aus dem Crooked River Canyon". An den massiven roten Felswänden sieht man mitunter ganz kleine Figuren kraxeln, die eine Weile zuvor noch mit Seilen und Kletterausrüstung über die markierten Wege zu den Felsen aufgebrochen waren – sie haben die Wahl zwischen rund 1800 Routen.

Wer nicht für senkrechte Wände zu haben ist, findet in dem State Park mehr oder weniger ebene Wanderwege, oft am Fluss entlang. Wenn der Park nicht allzu voll ist, kann man jede Menge Tiere beobachten: von neugierigen Murmeltieren über Präriefalken, Steinadler, Otter, Biber bis zu verschiedenen Hirscharten. Einige Wege werden sogar geschlossen, wenn die Raubvögel dort ihr Nest bauen und von den Wanderern gestört werden könnten.

In die Naturparks

Um aus dem Smith Rock State Park eine große Runde durch Oregon zu fahren, lohnt sich die Fahrt weiter nach Süden bis zum Crater Lake National Park. Der See, der mit seiner tiefblauen Farbe zu den schönsten in den USA gehört, ist mit 592 Metern auch der tiefste im ganzen Land. Entstanden ist er nach einem Vulkanausbruch vor knapp 8000 Jahren, der Krater füllte sich mit Regenwasser. Der See wird von den indigenen Klamath, die in der Umgebung leben, bis heute als heilige

Kletterer aus aller Welt versuchen sich an den nahezu senkrechten Wegen in den Felsen. Für Wanderer sind viele Kilometer Wege ausgewiesen.

Stätte verehrt. Natürlich führt ein ganzes Netz von Wanderwegen durch den Nationalpark – wer aber den ganzen See an einem Tag sehen will, nimmt am besten den 53 Kilometer langen Rim Drive, der rund um das Gewässer führt und zahlreiche Aussichtspunkte hat.

Die Alternative zum Ausflug in den Nationalpark: der direkte Weg an die Küste. Nach Bandon, Florence oder Yachats. Verschiedene kleine Ost-West-Highways treffen auf die 101, die Küstenstraße, die mit verschiedenen Namen von San Diego bis zur kanadischen Grenze führt und nicht nur Fotografen zum regelmäßigen Anhalten geradezu zwingt, so beeindruckend ist die Landschaft – und so anstrengend manchmal die Kurven.

Entlang der Küste

Cape Perpetua und das Heceta Lighthouse sind zwei Punkte auf der Strecke, die man sich nicht schöner ausdenken könnte – denn hier trifft der Wald die Klippen und das Meer. 1894 schon ist der Leuchtturm auf dem zerklüfteten Felsen erbaut worden, 62 Meter über der Küste hält der massive Turm bis heute Sturm und wechselhaftem Wetter stand. Das Licht

Das Heceta Head Light sehen die Kapitäne aus bis zu 21 Seemeilen (39 Kilometern) Entfernung. Es steht seit 1894 auf einer Landzunge über dem Pazifik.

TIPPS FÜR PORTLAND

Shoppen in Portland bedeutet für viele Besucher: Vintage shoppen. Es gibt eine Reihe von Second-Hand-Läden und kleine Boutiquen. Besonders beliebt ist die Stadt bei allen, die eine Schwäche für Vinyl haben: Music Millenium ist der älteste Plattenladen in Portland, bei Crossroads Music im Süden der Stadt bieten 35 verschiedene Sammler ihre Platten an, und bei Everyday Music im Pearl District stehen die Chancen gut, genau das Album zu finden, das es nirgendwo anders gibt.

Eine ganz besondere Adresse für Buchliebhaber ist Burnside Ecke NW 10th Avenue. Hier gibt es mehr als eine Million Bücher, neu und bereits gelesen, ein ganzes Labyrinth von Räumen, das Geschäft ist so groß wie ein Häuserblock. Powell's Books ist der größte unabhängige Buchladen der Welt. Ganz oben, in einem abgedunkelten Raum hinter bunten Bleiglas-Fenstern, werden die seltenen Bücher verwahrt – das älteste stammt aus dem 15. Jahrhundert.

Nicht nur der Staat Oregon lebt von der Natur, sogar in Portland ist man mitten im Grünen. Forest Park ist einer der größten Stadtwälder in den USA. Der Public Rose Test Garden wurde schon 1917 angelegt und ist damit der älteste im Land. Mehr als 650 Sorten wachsen hier, insgesamt blühen im Sommer mehr als 10.000 Rosenstöcke. Azaleen und Rhododendron sind der Hype im Crystal Springs Rhododendron Garden, der im Südosten von Portland liegt. Wer es ganz still und harmonisch haben möchte, stattet dem Portland Japanese Garden in den Hügeln im Westen der Stadt einen Besuch ab. Natürlich gibt es ein Teehaus und ruhig mäandernde Bäche, idyllische Wege und einen guten Blick auf den Mount Hood.

Die Brauerei-Szene in Portland gehört zu den ältesten des Landes. Einige Beispiele: Widmer Brothers Brewing feiert in diesem Jahr 40-jähriges Bestehen und ist damit eine der ältesten Brauereien in Portland. In der Deschutes Brewery werden interessante Craft Biere gebraut, der Brewpub im Pearl District ist immer einen Besuch wert. Das Cascade Brewing Barrel House ist spezialisiert auf saure Biere und Brauerzeugnisse, die wie Weine in besonderen Fässern reifen.

Nicht nur für das Craft Beer und die Brew Pubs ist Portland bekannt, sondern auch für die bunte Foodtruck-Szene. Es gibt gleich mehrere Orte, Pods genannt, wo man sich durch die Küchen der Welt probieren kann. Dazu gehören der größte der Stadt, der Alder Street Food Cart Pod (SW 10th Avenue and Alder Street), der Cartopia Food Cart Pod (SE Hawthorne Boulevard and 12th Avenue) und der Prost! Marketplace Food Cart Pod (4237 N Mississippi Avenue), wo es das gibt, was die Amerikaner für deutsche Küche halten.

Verena Wolff

Verena Wolff, geboren im Pott, hat als Austausch-schülerin bei einer chinesi-schen Familie in Toronto ge-lebt, in Hamburg und Washington studiert und ihren ersten Artikel an ihrem 18. Geburtstag veröffentlicht. Seither schreibt sie besonders gern Geschichten aus den kalten Regio-nen dieser Welt, noch häufiger aber aus den USA und Kanada.

Devil's Churn heißt ein schmales Inlet des Pazifiks am Cape Perpetua. Hier kann das Wasser hoch in die Luft schießen.

ist aus einer Entfernung von bis zu 21 Seemeilen zu sehen – selbst wenn der Nebel den 17 Meter hohen Leuchtturm komplett ver-schluckt.

Cape Perpetua, nur ein paar Meilen ent-fernt, ist für Wanderer und Menschen, die in ihrer Mobilität eingeschränkt sind, gleichermaßen ein lohnendes Ziel. Die Wege zum Devil's Churn und Thor's Well brauchen feste Schuhe, der 244 Meter hoch gelegene Overlook aber kann kom-plett mit dem Auto erreicht werden. Der Whispering Spruce Trail, der hier oben als Rundweg mit Ausblick auf den Pazifik gebaut wurde, ist sogar für Rollstuhlfahrer geeignet.

Auch wenn sich Oregon als Ziel für einen sommerlichen Badeurlaub nicht optimal eignet, obwohl die Küstenlinie rund 600 Kilometer lang ist: Es gibt jede Menge zu sehen und zu entdecken. Und zu probie-ren. Denn hier hat nicht nur das Meer jede Menge Leckerbissen im Angebot, sondern auch die Wälder und Wiesen, auf denen Landwirtschaft noch weit verbreitet ist. Und natürlich „the mighty Columbia".

ANREISE

Nach Portland kommen Reisende in der Hochsaison nonstop mit Condor ab Frankfurt/Main. Ansonsten nur mit einem Zwischenstopp in den USA, beispielsweise mit United und Lufthansa via Denver oder mit Delta via Atlanta.

UNTERKUNFT

McMenamin's Kennedy School: Dieses mehr als 100 Jahre alte frühere Schulhaus ist zu einem Hotel um-gebaut worden, in den Zimmern hängen noch die alten Tafeln und Garderoben, ab 179 USD; 5736 Northeast 33rd Avenue, Portland, OR 97211, *mcmenamins.com/ kennedy-school*

Five Pine Lodge: Die rustikale Lodge liegt mitten im Wald, die meisten Zimmer sind eigene kleine Häuschen mit Whirlpool und Ausblick in die Natur, ab 200 USD; 1021 E Desperado Trail, Sisters, OR 97759, *fivepine.com*

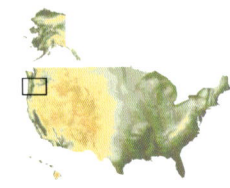

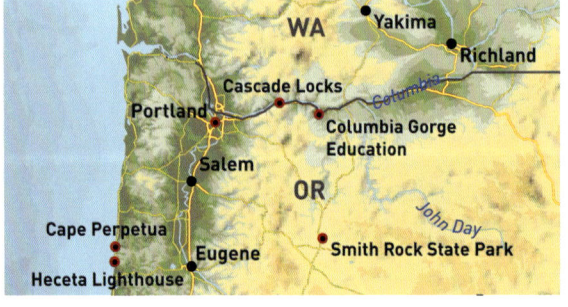

360°

USA 2025

Der Fotograf Christian Heeb setzt die schönsten Regionen der USA perfekt in Szene.

EXKLUSIV KALENDER

Format 70 x 50 cm
14 Kalenderblätter, Spiralbindung

49,95 €

USA – Der Westen
ISBN 978-3-96855-548-5

PREMIUM KALENDER

Format 50 x 35 cm
14 Kalenderblätter, Spiralbindung

26,95 €

Hawaii
ISBN 978-3-96855-523-2

USA – Der Westen
ISBN 978-3-96855-512-6

USA – Der Westen
ISBN 978-3-96855-575-1

BROSCHÜREN KALENDER

Format A4 (21 x 29,7 cm), aufgeklappt A3 (29,7 x 42 cm)
mit Platz für Termine und Notizen
28 Kalenderblätter, Spiralbindung

12,50 €

Mehr Infos und alle Kalenderblätter unter:
360grad-medienshop.de/kalender
Versandkostenfreie Lieferung innerhalb Deutschlands!

360° medien I Nachtigallenweg1 I 40822 Mettmann I www.360grad-medien.de I info@360grad-medien.de

Los Angeles zu Fuß

Geschichte im Stadtbild

Ein Hauch von Glamour: der Abschnitt des South Broadways in Los Angeles Downtown

Viktorianisch, Art déco oder Neo Renaissance: Ende des 19. und Anfang des 20. Jahrhunderts entstanden in Downtown L.A. die ersten Hochhäuser mit edlen Materialien und viel Sinn fürs Detail. Geführte Rundgänge der L.A. Conservancy bieten Einblicke in die (Bau-)Geschichte der Stadt.

Goldene 1920er-Jahre

Es ist laut an der stark befahrenen Kreuzung Ecke Broadway/3rd Street in Downtown L.A. Und so muss sich Guide Chris

Stilmix rund um den Pershing Square: Hochhäuser aus der ersten Hälfte des 20. Jahrhunderts

Mit dem ältesten Gebäude des Rundgangs geht es los. Chris deutet auf die rötliche Fassade aus Back- und Sandsteinen hinter sich: Fünf Geschosse ragt das Bradbury Building auf, 1893 bei seiner Einweihung eines der höchsten und ungewöhnlichsten Gebäude in Los Angeles. Bauherr war der Millionär Lewis Bradbury, der durch Heirat zu einem reichen Minenbesitzer geworden war und sich von Architekt Sumner Hunt ein repräsentatives Bürogebäude bauen lassen wollte. Doch Bradbury missfielen Hunts erste Entwürfe und so heuerte er kurzerhand George Wyman an, der zuvor Zeichner bei Sumner Hunt gewesen war.

Schmuckstück

Wyman gestaltete die Fassade des Eckgebäudes im damals verbreiteten Neo-Renaissance-Stil, das eigentliche Highlight aber sollte das Atrium werden. Mit seinen fast filigran wirkenden gusseisernen Balustraden, den verzierten Vogelkäfigen ähnelnden Fahrstühlen und der üppigen Ausstattung mit Marmor. Ein Innenraum, der Ende des 19. Jahrhunderts futuristisch wirken musste, schließlich hatte sich Architekt Wyman vom 1887 erschienenen Roman „Das Jahr 2000" inspirieren lassen. Und so verwundert es nicht, dass das Bradbury Building zu einem der beliebtesten Gebäude der Stadt wurde: bei Tou-

Das Bradbury Building stammt aus dem Jahr 1893

von der L.A. Conservancy sehr bemühen, um stimmlich gegen den Lärm anzukommen. Der pensionierte Architekt ist einer von zahlreichen Volunteers, die für die Organisation Gruppen zu historischen und architektonischen Highlights führen. Thema der heutigen Tour: markante Gebäude in Downtown Los Angeles zwischen Pershing Square und Bunker Hill.

Sabine
Loeprick

Die Berliner Journalistin arbeitet als Redakteurin und Autorin für verschiedene ARD-Programme, das Deutschlandradio und mehrere Magazine. Seit Jahren bereist sie regelmäßig die USA – und lässt sich dort von grandioser Natur und spannenden Städten immer wieder begeistern.

Kulinarische Wundertüte: der Grand Central Market

risten, schließlich kann man tagsüber ohne Eintritt einen Blick hineinwerfen, und als Drehort, beispielsweise für „Blade Runner" oder für die in L.A. spielende Krimiserie „Bosch".

Von Bento Box bis Currywurst

Schräg gegenüber vom Bradbury Building liegt eine weitere Attraktion: der 1917 als „Wonder Market" eingeweihte Grand Central Market. Was gibt es hier nicht alles an Spezialitäten aus aller Welt! Von japanischen Bento Boxen bis zu Pupusas aus El Salvador; sogar die Currywurst ist im Angebot! Schnell lotst Chris seine Gruppe durch das Marktgebäude hindurch, deutet dann hinüber zur anderen Straßenseite. Wo sich gerade ein Wagen der „Angels Flight", der historischen Standseilbahn von 1901, auf die knapp 100 Meter lange Strecke hoch zur California Plaza macht. Einen Dollar kostet die Fahrt – reichlich Nostalgie und Hollywoodfeeling inklusive. Denn „Angels Flight" diente in vielen Hollywoodfilmen als Kulisse: von „All Jazzed Up" (1920) über „City of Angels" mit Nicolas Cage und Meg Ryan bis zu „La La Land".

Weiter geht es Richtung Pershing Square, Chris deutet immer wieder auf Fassaden, deren Verzierungen sich mitunter nur durch ordentliches Halsrecken erkennen

Kultige Filmkulisse: die historische Standseilbahn „Angels Flight"

lassen. Er erzählt, dass das edle Biltmore Hotel zu seiner Einweihung 1923 das größte Hotel der USA westlich von Chicago war. Und gibt den Tipp, dort mal einen Drink an der Bar zu nehmen. Die Innenausstattung mit Kronleuchtern, Deckengemälden und reichlich Stuckverzierungen sei noch heute überwältigend wie einst.

Blick in das luxuriös ausgestattete Biltmore Hotel

Nächster Stopp der Tour ist das Cal Edison, ein 14-stöckiges, im Stil des Art déco errichtetes Bürogebäude. 1931 war es eines der ersten Gebäude der Stadt mit elektrischer Heizung und Klimaanlage. Schräg gegenüber wartet dann - wie es sich für ein Finale gehört – vielleicht das Highlight des Rundgangs: die Los Angeles Central Library mit ihrem mosaikverzierten Pyramidendach und den Wasserbassins auf mehreren Terrassen, die zum seitlichen Eingang hinaufführen. Der 1926 von Bertram Grosvenor Goodhue konzipierte Bau beeindruckt mit seinem lichtdurchfluteten Atrium, den Deckengemälden und Skulpturen. Und trotz seiner Schönheit gab es in den 1960er-Jahren Überlegungen, dieses einmalige Gebäude abzureißen. Zum Glück formierte sich Widerstand – auch gegen die Zerstörung anderer heutiger „Landmarks" in L.A.

Schließlich gründete sich 1978 die L.A. Conservancy. Um Bewusstsein bei Politik, potenziellen Investoren, Einwohnern und Touristen für den Erhalt historischer Bausubstanz zu wecken. Ganz aktuell haben die Mitstreiter der L.A. Conservancy die Marilyn Monroe Residence vor dem Abriss retten können. Als „Historic-Cultural Monument" bleibt das Gebäude der Öffentlichkeit erhalten.

Das Cal Edison, ein 14-stöckiges Bürohochhaus im Art Déco-Stil

discoverlosangeles.com

ANREISE
Täglich ab Frankfurt/Main fliegen Condor und Lufthansa nonstop nach Los Angeles, ab München täglich mit Lufthansa.

AKTIVITÄTEN
Walking Tours: mit der L.A. Conservancy durch Downtown L.A. oder verschiedene Neighbourhoods, auch als „Self-guided"-Touren möglich (PDFs vorher herunterladen), außerdem Veranstaltungen wie Vorführungen von Filmklassikern in historischen Kinos; *laconservancy.org*

Grand Central Market: 1917 als „Wonder Market" eröffnet; Spezialitäten aus aller Welt mit Schwerpunkt Mittelamerika; täglich von 8 bis 21 Uhr geöffnet, 317 South Broadway, Los Angeles, CA 90013-1222, *grandcentralmarket.com*

UNTERKUNFT
The Hoxton: zentral gelegenes Boutique Hotel mit Rooftop-Restaurant in einem historischen Gebäude, das früher Sitz der L.A. Railway war, ab 200 USD; 1060 S Broadway, Los Angeles, CA 90015, *thehoxton.com/downtown-la*

CitizenM Los Angeles Downtown: zentral gelegenes stylish eingerichtetes Hotel mit Café und Fitnesscenter, ab 170 USD; 361 South Spring Street, Los Angeles, CA 90013, *www.citizenm.com*

SICHERHEIT
Tagsüber gerade in kleiner Gruppe problemlos, abends sollte man nicht unbedingt allein unterwegs sein.

Herbstimpressionen aus Peacham, Vermont (USA)

Ausblicken

Kalifornien
Sierra Nevada
– und weitere
Erlebnisse im
Golden State

Wyoming
Jackson Hole
ist mehr als nur
das Gateway
zu den
Nationalparks

British Columbia
North Coast
Trail auf
Vancouver
Island

Nova Scotia:
Wellen, Wälder
und Wein – eine
maritime Rund-
reise durch
den Süden der
Atlantikprovinz

Impressum

360° NordAmerika erscheint vierteljährlich

360° medien
Nachtigallenweg 1 | 40822 Mettmann,
Tel.: +49 2104 5063-100 | E-Mail: info@360grad-medien.de
redaktion@360grad-medien.de | www.360grad-travel.club

Geschäftsführung: Christine Walter | Andreas Walter

Chefredaktion (V.i.S.d.P.): Christian Dose
E-Mail: c.dose@360grad-medien.de

Mitarbeiter dieser Ausgabe:
Christian Dose, Ole Helmhausen, Sabine Loeprick, Jörg
Michel, Achill Moser, Wolfgang Opel, Markus Seelbinder,
Verena Wolff

Design und Layout: 360° medien | Marc Alberti, Elke Gräfe

Anzeigenleitung:
Stefanie Heine | E-Mail: s.heine@360grad-medien.de
Tel.: +49 2104 5063-106

Marketing und Vertrieb, Leserservice:
Julia Schüller | E-Mail: vertrieb@360grad-medien.de
Tel.: +49 2104 5063-100

ISBN: 978-3-96855-582-9 | **ISSN:** 1869-8328

Vertrieb Presseeinzelhandel:
IPS Pressevertrieb GmbH, 53334 Meckenheim, www.ips-d.de
Einzelpreise im Handel: D, A, Europa: 9,50 € | Schweiz:
13,60 CHF

Abonnement 360° NordAmerika: vier Ausgaben, Deutschland 32 €, Ausland 48 €. Nach Ablauf der Mindestlaufzeit ist
das Abonnement monatlich kündbar. Enthalten im Abonnement sind zusätzlich die Versandkosten und – soweit erforderlich – die gesetzliche Mehrwertsteuer.

Sämtliche Informationen sind nach bestem Wissen und mit
Sorgfalt zusammengestellt. Eine Gewährleistung für die
Richtigkeit und Vollständigkeit kann jedoch nicht übernom-
men werden. Der Verlag übernimmt keine Haftung für un-
verlangte Einsendungen. Zuschriften an die Redaktion sind
erwünscht, Rücksendungen nur gegen beigefügtes Rückpor-
to. Die Rücksendung von Fotos, Büchern, Manuskripten etc.
erfolgt auf Gefahr des Einsenders. Es gelten die Geschäfts-
bedingungen des Verlages. Beiträge, Fotos und grafische
Darstellungen sind urheberrechtlich geschützt. Nachdruck,
auch auszugsweise, Vervielfältigung auf fotomechanischen
und anderen Wegen sowie Nutzung auf Datenträgern bedür-
fen der schriftlichen Zustimmung des Verlages.

Bildnachweise: Adobe Stock S. 1 (SNEHIT PHOTO), Alaska
Railroad S. 77o; Amtrak S. 77li; Brand USA S. 76u, 77u; Choo-
se Chicago S. 9o; Destination Cape Breton S. 24o (Adam Hill);
Dose, Christian S. 3, 5u, 82, 83, 84u, 85, 86, 87u, 93, 94, 95o, 96,
97o, 99u, 100, 102, 103, 104u, 105, 122mi; Enjoy Illinois S. 80,
84 o, 87o; Epekwitk Assembly of Councils S. 6 li; Experience
Mt. Hood and the Gorge S. 110re o; GoBrightline S. 76 o, 76re;
GRAMMY Museum Mississippi / Visit Mississippi S. 9u; Jonge.
Jan de S. 122o; Justen-Soule S. 6re; Kast, Günther S. 122mi;
Los Angeles Tourism & Convention Bureau S. 118o, 118mi
(Meryl Vissel); Louisville Tourism S. 5o, 92, 95u, 97u, 99o; Mi-
chel, Jörg S. 10-15, 42, 122u; MMGY Global S. 116, 117o, 118u;
Moser, Aaron S. 34-40, 44-50; New Jersey Division of Travel and
Tourism VisitNJ.org S. 78-79; Opel, Mechtild S. 31u; Opel, Wolf-
gang S. 28-32; Parks Canada S. 42; Preece, Lisa S. 117u; San
Francisco Bay Ferry S. 9re; Sky River Cape Breton Association
S. 25 (daveyandsky); Thepeopleshouse.org S. 8li; Tourism Nova
Scotia S. 4, 22 (Sanjay Chauhan) S. 24u (Adam Hill), S. 26 (Kyle
McGregor), S. 27 (Tom Cochrane); Unsplash S. 5mi, 104o; Visit
Atlantic City S. 8re; Visit Cincy S. 89; visitor7_CC BY-SA 3.0 S.
119; Wolff, Verena S. 16-20, 108-114.

Unsere nächste Ausgabe:
**360° NordAmerika erscheint voraussichtlich
am 6. Dezember 2024***

* Änderungen vorbehalten

360° NORD**AMERIKA** – Reisen, Natur und Gesellschaft

Special 4/2024

360grad-travel.club

360°

USA

Vielseitige Städtetrips

NEW YORK
Fünf Empfehlungen jenseits der Hotspots

LOS ANGELES
Ein Städtetrip voller Kontraste

SAN FRANCISCO
Tour durch den Sommer der Liebe

D, A, Europa: 4,50 €
Schweiz: 6,50 CHF

ISBN 978-3-96855-584-3

360° USA

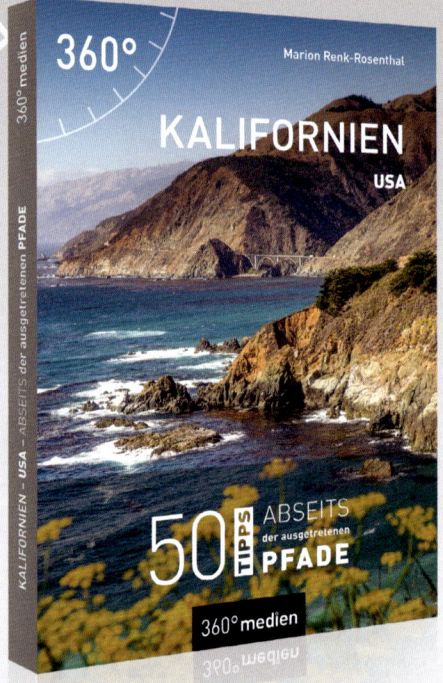

50 TIPPS ABSEITS DER AUSGETRETENEN PFADE

Recherchiert von Autoren, die entweder vor Ort leben oder die jeweilige Region „wie ihre Westentasche" kennen, liefern die Bücher der Reihe „Abseits der ausgetretenen Pfade" im praktischen „Hosentaschenformat" (11,5 x 16,5 cm) 50 Tipps für Orte, die jenseits der typischen Touristenrouten liegen, häufig einfach nur übersehen werden oder echte Geheimtipps sind, die auch vielen Einheimischen nicht bekannt sind.

KALIFORNIEN
Marion Renk-Rosenthal
ISBN 978-3-96855-279-8
Preis 16,95 €

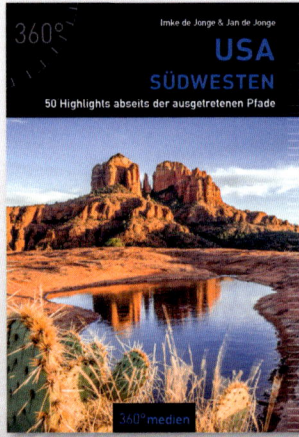

NEW YORK
Christian Dose, Carolin Gerstenmaier
ISBN 978-3-96855-003-9
Preis 16,95 €

FLORIDA
Ralf Johnen
ISBN 978-3-96855-007-7
Preis 16,95 €

SÜDWESTEN
Imke de Jonge & Jan de Jonge
ISBN 978-3-948097-80-6
Preis 14,95 €

Mehr Infos unter: **360grad-medienshop.de/abseits-der-ausgetretenen-pfade**

Versandkostenfreie Lieferung innerhalb Deutschlands

Telefon: +49 2104 / 50631 00
Telefax: +49 2104 / 50631 56

360° medien

info@360grad-medien.de
www.360grad-medien.de

Inhalt

Vielseitige Städtetrips

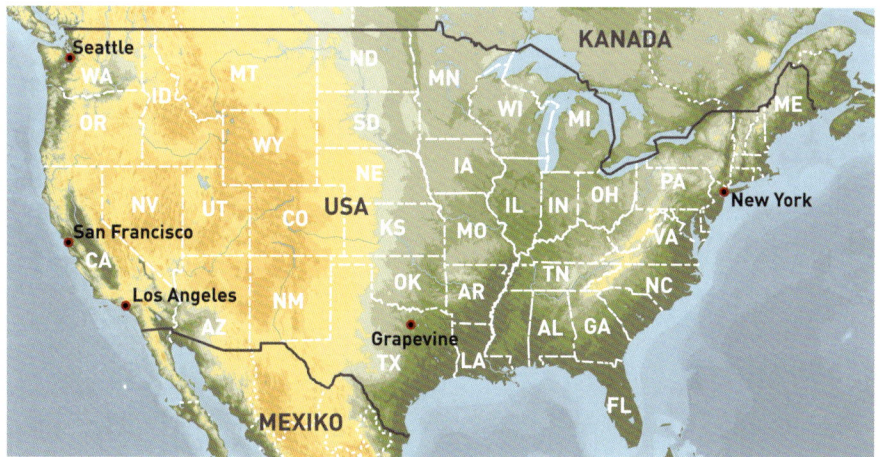

Impressum

360° NordAmerika – Special 4/2024 USA Städtetrips

Verlag: 360° medien | Nachtigallenweg 1 | 40822 Mettmann |
Tel.: +49 2104 5063-100 | E-Mail: info@360grad-medien.de |
redaktion@360grad-medien.de | www.360grad-travel.club
ISBN: 978-3-96855-584-3, **Preis:** 4,50 €
Bildnachweise: Adobe Stock | SvetlanaSF S. 1; Adobe Stock | V&B-

Photography S. 3; Alabastro Photography S. 7o, 7u; Christian Dose
S. 4u, 5; Edge S. 4o. Grapevine CVB S. 10, 11o, 11mi; Jan de Jonge
S. 8u., 9; Kate Russell | Meow Wolf S. 11u re; Unsplash S. 8; Travel
Texas S. 11u; Visit California | Bongo S. 12, 13o, 14; Visit California /
Carol Highsmith S. 13u; Visit Seattle S. 6, 7mi

New York

Fünf Empfehlungen jenseits der Hotspots

Autor: Christian Dose

Adrenalinkick und Panoramablick beim CityClimb

Der Big Apple ist mehr als Times Square, Central Park und Empire State Building. Die „Stadt, die angeblich niemals schläft", ist ein großer multikultureller Kosmos, der neben Manhattan noch vier weitere Bezirke umfasst. Hier können Reisende viel entdecken und erleben. Kein Wunder, dass allein elf Millionen internationale Besucher hierher strömten. Buchautor und Journalist Christian Dose kennt New York seit mehr als 25 Jahren – und verrät hier fünf Empfehlungen für Ausflüge abseits der ausgetretenen Pfade.

1. New York von oben: Klettern am Wolkenkratzer

Ob Rockefeller Center, Summit oder One World Trade Center – die Metropole ist reich mit Aussichtsplattformen gesegnet, die Besuchern einen unvergesslichen Blick auf die Stadt offerieren. Und weitere sind schon in der Mache. Wer ein ganz besonderes Panorama genießen möchte und für einen Adrenalinkick zu haben ist, der wagt den sogenannten City Climb: Vom Klettersteig in gut 350 Metern eröffnet sich dem Besucher eine grandiose unverbaute Aussicht. Das Abenteuer mit einer

Treppe – 162 Schritte im 45-Grad-Winkel gen Himmel – lässt sich am Wolkenkratzer Hudson Yards 30 erleben. Startpunkt ist die bekannte Aussichtsplattform The Edge.

2. Ruhige Oase: Governors Island

Nur Minuten vom pulsierenden Financial District – beispielsweise mit Wall Street und dem 9/11 Memorial – entfernt, finden Urlauber eine entspannende Oase mit Traumblick: Governors Island zwischen der Südspitze Manhattans und Brooklyn ist mit der Fähre bequem erreichbar. Die kleine Insel überzeugt mit ihrem Traumblick auf Lady Liberty sowie Manhattan und Jersey City. Auf den weiten Wiesen lässt sich herrlich vom pulsierenden Leben der Millionenstadt abschalten. Seit neuestem besteht sogar die Möglichkeit, sich in einem Pool (gegen Eintritt) abzukühlen. Aktive Besucher leihen sich ein Kajak oder Fahrrad. Und wer das Besondere sucht, übernachtet in einem der komfortablen Zelte von Collective Retreats: Glamping mit Panoramaaussicht.

Relaxen in der Großstadt

3. Brooklyn jenseits der Brücke

Der Spaziergang über die markante Brooklyn Bridge zählt wohl zum Standardprogramm eines jeden New York-Besuchers. Aber auch ein Streifzug durch den Bezirk lohnt sich – hier fühlt sich die Millionenstadt plötzlich familiär-kleinstädtisch an.

Gemütliche Nebenstraßen in Brooklyn

Gerade Brooklyn Heights ist ein herausragendes Beispiel dafür. Und einen Panoramablick über den East River und die Brooklyn Bridge gibt's obendrein. Alternativ: Als neues aufstrebendes In-Viertel präsentiert sich Greenpoint mit dem WNYC Transmitter Park am East River als idealer Schlusspunkt eines Stadtbummels.

4. Mit dem „International Express" nach China Town in Queens

Manhattans China Town möchten viele Reisende nicht missen. Doch wesentlich authentischer präsentieren sich die chinesischen Viertel rund um die gleichnamige Subway-Station in Queens. Hier fühlt man sich eher in China als in den Vereinigten Staaten. Und das schöne daran: Die Subway-Linie 7, die hierher führt, gilt als „International Express": Auf dem Weg von Manhattan bis nach China Town werden

Chinesische Küche auf wirklich traditionelle Art genießen Besucher in Queens.

auch Little India sowie die Viertel der Iren und der Lateinamerikaner passiert – Queens mit seinen Menschen aus mehr als 100 Ländern ist einfach Multikulti.

5. Der schönste Platz zum Sonnenuntergang?

Der wohl beste Platz für ein abendliches Foto der Skyline liegt nicht in New York – sondern im benachbarten New Jersey. Der Exchange Place und Hudson River Waterfront Walkway bieten sich für einen unvergesslichen Abend an, ein Drink in einer Rooftopbar inklusive. Das berühmte One World Trade Center und der Brookfield Place (ehemals World Financial Center) erstrahlen im warmen

Der Exchange Place ist der vielleicht schönste Platz, um Manhattan im Licht der untergehenden Sonne zu bestaunen.

Abendlicht – die sogenannte Goldene Stunde der Fotografen macht hier ihrem Namen alle Ehre. Die kurze Fahrt mit der Fähre über den Hudson River rundet den Ausflug perfekt ab.

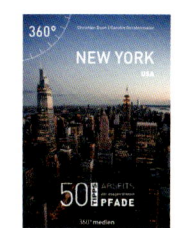
USA – New York: 50 Tipps abseits der ausgetretenen Pfade
Christian Dose, Carolin Gerstenmaier
360° medien, 1. Auflage 2022
Taschenbuch, 288 Seiten
Preis: 16,95 EUR
ISBN: 978-3-96855-003-9

Seattle. Smaragd am Pazifik

Von der Space Needle in die hippen Neighborhoods

Die Skyline von Seattle mit dem Mount Rainier im Hintergrund

Seattle, die „Emerald City", gehört zu den faszinierendsten Städten der USA. Malerisch ganz im Nordwesten zwischen der Meerenge Puget Sound und dem gletscherbedeckten Kaskadengebirge gelegen, ist die Stadt vielfältig und schön. Die hippe Metropole ist Heimat von Starbucks, Microsoft, Boeing und Amazon, von Musiklegenden wie Jimi Hendrix und Kurt Cobain sowie von über 700.000 Einwohnern. Die 184 Meter hohe Space Needle, der quirlige Pike Place Market sowie das Chihuly Garden & Glass Museum mit den farbenprächtigen Glaskunstinstallationen des Künstlers Dale Chihuly genießen weltweite Berühmtheit. Wer tiefer in die Smaragdstadt eintauchen möchte, der kommt nach Fremont, Capitol Hill oder West Seattle. So nennen sich einige von Seattles Stadtteilen, die mit historischem Charme, viel Kreativität und einer manchmal eigenwilligen Atmosphäre punkten.

Lässig und divers: Capitol Hill

Capitol Hill, östlich des Stadtzentrums, sprüht vor Energie und Vielfalt. Hier treffen gemütliche Cafés – wie das Overcast Coffee und das Oddfellows Café – auf stylische Boutiquen und LGBTQ+ Bars. Wer

bummeln möchte, der stoppt im Marine Layer oder im SUM, das beste Eis wird im Sweet Alchemy serviert und wer gerne die Nacht durchtanzt, der findet sich im Neighbours oder Wildrose unter Gleichgesinnten wieder. Auch Freunde der Kunst und Musik kommen hier nicht zu kurz: Da ist das Seattle Asian Art Museum, der Volunteer Park mit seinem historischen Gewächshaus und dem Dahliengarten. Ende Juni findet in Capitol Hill die jährliche Pride Parade statt und im Juli das Capitol Hill Block Party Festival.

Das Wohnzimmer der Locals: West Seattle

Seattles größtes Stadtviertel ist ein beliebtes Wohn- und Erholungsgebiet. Second-Hand-Shopping, der sonntägliche West Seattle Farmers Market, Grünflächen wie der Hamilton Viewpoint, der Seacrest Park oder der Lincoln Park mit bester Aussicht auf Skyline, Puget Sound oder Olympic Mountains und die Strände entlang der Elliott Bay – wie zum Beispiel Alki Beach – ziehen stets Besucher in die Gegend. Auch Easy Street Records ist hier zuhause. In dem unabhängigen Plattenladen kommen seit seiner Gründung Ende der 1980er Jahre Musikfans, Künstler und Musiker zusammen – nicht selten auch für

Der Alki Beach in West Seattle

In-Store-Konzerte. Schon die Anreise in diesen Stadtteil ist ein Erlebnis: Mit dem Wassertaxi sind es nur zehn Minuten von der Seattle Waterfront bis in die beliebte Neighborhood.

Fremont, Ballard & das Univiertel: Seattles Norden

Nördlich des Lake Union und der Salmon Bay grenzen Seattles Stadtteile direkt ans Wasser. Ballard hebt sich mit seinem skandinavischen Einschlag in Kultur und Architektur sowie seiner Seefahrertradition von anderen Vierteln ab. Ein Stopp an den Schleusen der Ballard Locks gehört hier genauso dazu wie ein Besuch im Golden Gardens Park mit seinen Wanderwegen, Stränden und fantastischen Ausblicken.

Kunst im Viertel: der Fremont Troll

Der Frelard Breweries District verbindet Ballard mit seinem Nachbar Fremont: Elf Brauereien sind hier fußläufig erreichbar! Die bekannteste Sehenswürdigkeit in Fremont – und Symbol für die hiesige Kunstszene – ist ohne Zweifel der Fremont Troll: eine Skulptur in der Form eines Trolls, der einen Volkswagen-Käfer in seiner Hand hält. Die alten, aber futuristisch anmutenden Industriegebäude des Gas Works Park sind ein beliebtes Ziel für Einheimische und Urlauber gleichermaßen. Auf dem Fremont Sunday Market und in den zahlreichen Vintage-Läden lassen sich Raritäten und schöne Souvenirs erstehen. Wer nicht zu Fuß oder mit der Straßenbahn auf Entdeckungstour gehen möchte, der wagt sich mit einem Kanu oder Stand-Up-Paddleboard auf den Lake Union oder leiht sich

Seattle zählt zahlreiche Brauereien.

einen Roller im University District. Place to be von Mitte März bis Anfang April ist die University of Washington Quad, denn dann verwandelt sich der Campus in ein Meer aus Kirschblüten. Burke Museum und Henry Art Gallery begeistern Kunst- und Kulturinteressierte.

visitseattle.de

Los Angeles

Ein Städtetrip voller Kontraste

Autor: Jan de Jonge

Ausblick über das Griffith Observatory auf Los Angeles

Los Angeles ist eine Stadt, die polarisiert. Eine Stadt der Extreme – zwischen glamourösen Filmkulissen und ruhigen Oasen, zwischen urbaner Hektik und atemberaubender Natur. Diese Metropole bietet weit mehr als nur den Glanz von Hollywood und die bekannten Strände. Eine abwechslungsreiche Erkundung der Stadt zeigt ihre vielen Facetten und die oft unentdeckten Schätze.

Ein Besuch im Griffith Observatory bietet nicht nur eine Reise durch die Sterne, sondern auch einen unvergleichlichen Blick auf das berühmte Hollywood-Zeichen. Die Wanderung durch den weitläufigen Griffith Park offenbart eindrucksvoll das enge Miteinander von unberührter Natur und urbaner Kulisse. Die klare Luft am Morgen, der weite Blick über die Stadt und das Gefühl, mitten in einer Metropole der Natur so nah zu sein, bleibt in Erinnerung.

Hollywood ist untrennbar mit Los Angeles verbunden. Der Runyon Canyon Park verbindet Natur mit einem Hauch von Glamour. Der Park ist ein beliebter Ort für Stars und Sternchen, die hier ihre Hunde ausführen. Während der Sonnenuntergang die Stadt in warmes Licht taucht, bietet die hügelige Landschaft des Parks beeindruckende Ausblicke auf die Hochhäuser und macht diesen Ort zu einem beliebten Treffpunkt.

Ein weiteres Highlight ist das Getty Center, das Kunst, Architektur und Natur auf beeindruckende Weise vereint. Die weitläufigen Gärten laden zum Verweilen ein, während die Kunstsammlung, die Werke von Van Gogh bis Monet umfasst, kulturelle Inspiration bietet. Auch hier zeigt sich Los Angeles von einer anderen, ruhigeren Seite.

Sonnenuntergang im Runyon Canyon Park

Am Santa Monica Pier beginnt der Übergang in die kalifornische Strandwelt. Ein Spaziergang von hier entlang der Küste nach Venice Beach führt direkt ins Herz der Beach-Kultur. Surfer, Straßenkünstler und Sonnenanbeter prägen das Bild, begleitet vom allgegenwärtigen Rauschen des Pazifiks.

Kalifornische Strand-impressionen ...

Pitoreske Kanäle am Venice Beach

Der Echo Park Lake, obwohl bei Touristen weniger bekannt, zieht viele junge Menschen aus L.A. an, die hier in der Sonne entspannen oder die lebendigen Nachbarschaften erkunden. Die etwas kitschigen Schwan-Tretboote verleihen dem Ort eine charmante und besondere Atmosphäre. Die Umgebung lädt mit zahlreichen kleinen Cafés und Restaurants zum Verweilen ein, bevor der Spaziergang im nahegelegenen Elysian Park fortgesetzt wird. Ein Picknick unter Palmen rundet jeden Tag ab und bietet einen perfekten Kontrast zur ansonsten allgegenwärtigen städtischen Hektik.

Los Angeles wäre nicht vollständig ohne seine Themenparks. Die Universal Studios und Disneyland gehören für viele Besucher zum Pflichtprogramm. Diese Parks bieten nicht nur Spaß für die ganze Familie, sondern auch einen faszinierenden Einblick in die Welt des Films und der Unterhaltung, die Los Angeles weltweit berühmt gemacht hat. Ein Besuch hier oder die Teilnahme an einer der zahlreichen Studio-Touren lässt die Magie lebendig werden, die diese Stadt seit Jahrzehnten prägt.

Für alle, die die urbanen Grenzen von Los Angeles hinter sich lassen möchten, bietet sich ein Ausflug in den Angeles National Forest an. Die Fahrt entlang des Angel's Crest Scenic Byway oder der San Gabriel Canyon Road führt durch atemberaubende Landschaften. Ein besonderer Tipp ist das Cosmic Café auf dem Mount Wilson, das bei gutem Wetter eine herrliche Aussicht auf die umliegende Natur und die Stadt bietet. Zwar hat das Café nur unregelmäßig geöffnet, doch unabhängig davon lohnt sich ein Besuch. Zusammen mit dem nahegelegenen Mount Wilson Observatory entsteht ein eindrucksvoller Tagesausflug, der die überwältigende Natur und Ruhe der Metropolregion Los Angeles in den Vordergrund stellt. Nicht nur hier wird deutlich: Los Angeles ist weit mehr als Hektik und Staus.

... und atemberaubende Küstenlandschaften

Grapevine, Texas

Small Town Pearl im Texas Hill Country

Grapevine City Hall

Traubenstampfen beim alljährlichen Grapefest im September

O bwohl der größte Bundesstaat der USA für Cowboys und Rodeo berühmt ist, bietet der Lone Star State überraschende Kleinstädte, die zweifellos große Reisemomente garantieren. Eine davon liegt im nördlichen Texas Hill Country, je 25 Minuten zwischen Dallas und Fort Worth gelegen. Vom Dallas Fort Worth International Airport (DFW) sind es knapp 15 Minuten bis zu ihrer Downtown – die Rede ist von Grapevine.

Die Kleinstadt wurde 1844 gegründet – die ersten Siedler benannten Grapevine, damals Grape Vine Springs, nach den wilden Weinreben, die den Ort umgaben. Auch heutzutage wird Wein geliebt und gefeiert: Acht Winery Tasting Rooms stehen Genussmenschen zur Auswahl, gefolgt vom Event-Highlight GrapeFest jährlich im September oder dem Urban Wine Trail.

Das Herz der rund 51.000 Einwohner großen Stadt schlägt auf der Historic Main Street, die mit über 80 Cafés, Restaurants

Grapevine Historic Main Street

und Boutiquen gesäumt ist. Eyecatcher sind die restaurierten historischen Gebäude – Sinnbild für wohliges American Way of Life Feeling. Vom knapp 38 Meter hohen Observation Tower bietet sich ein hervorragender Panoramablick auf die Stadt, die Skyline von Dallas sowie das umliegende Texas Hill Country. Absolutes Must-Do ist eine Fahrt in der Grapevine Vintage Railroad, mit ihren Wagen aus der Ära der 1920er Jahre, vorbei an malerischen und historischen Landschaften. Am Wochenende lohnt besonders eine Fahrt zu den Ft. Worth Stockyards, die das Erlebnis authentisch abrundet. Und wer Aktivsein im Urlaub bevorzugt, dem ist Wassersport auf dem Lake Grapevine ans Herz zu legen. Darüber hinaus steht ein 40 Kilometer langes Trail-Netz zum Wandern und Radfahren zur Verfügung.

Grapevine ist „The official Christmas Capital of Texas".

Mit der Grapvine Vintage Railroad zu den Ft. Worth Stock Yards

Und für alle Fans von USA Christmas Shopping: Grapevine ist zu Recht „Christmas Capital of Texas". Über 1.400 Events begeistern zwischen November und Januar. Wie wär's beispielsweise mit einem besonderen DIY-Geschenk beim Glasblasen in der Vetro Glassblowing Studio & Gallery? Haben wir auch schon das Tax-Free Shopping in Texas erwähnt? Merry Everything in Grapevine!

grapevinetexasusa.com
Unterstützung bei der Reiseplanung gibt es hier:
grapevine@harwardt-marketing.com

Grapevine's The Real Unreal „Meow Wolf"

Damit nicht nur Groß sondern auch Klein in Grapevine auf ihre Kosten kommen, werden Familien in der Grapevine Mills – der größten Outlet Mall in Nord-Texas – fündig. Dort befinden sich u. a. eines von insgesamt vier in den USA existierenden Meow Wolf, ein SEA LIFE Aquarium, ein Peppa Pig World of Play & LEGOLAND Discovery Center, der zweitgrößte Bass Pro Shop in den USA, Escape Rooms, Arcade-Spielhallen, Themenrestaurants und vieles mehr.

San Francisco

Tour durch den Sommer der Liebe

Autorin: Marion Renk-Rosenthal

Die Piedmont Boutique mit den berühmten Beinen

Groovy, Man! Der Sommer der Liebe, Flower Power und die Hippiekultur 1967/68 in San Francisco hatten einen so enormen Einfluss auf Zeitgeschichte, Kultur und Politik des 20. Jahrhunderts, dass die Straßenkreuzung Haight und Ashbury, wo diese kurze Zeit des friedlichen Aufstandes stattfand, im National Trust For Historic Preservation als nationales Kulturerbe eingetragen ist.

Im Sommer 1967 protestierten amerikanische Jugendliche gegen den Vietnamkrieg. Die „Counter Culture" wollte mit den streng konservativen Normen der Nachkriegsgeneration nichts zu tun haben. Die neue Bewegung fand ein Zentrum im liberalen San Francisco. Die Beatnik-Szene um Jack Kerouac und Allen Ginsberg in North Beach war schon in voller Blüte. Junge Aussteiger und Musiker wie Janis Joplin zogen von North Beach ins jüngere Haight Ashbury. Grateful Dead, Jimi Hendrix und Mitglieder der Band Jefferson Airplane waren hier ansässig. Auch der Motorradclub Hell's Angels mischte mit. Innerhalb kurzer Zeit war das kleine Stadtviertel beim Golden Gate Park das Zentrum der neuen Bewegung: freie Liebe, Flower Power, kostenlose spontane Konzerte der jungen Musiker im Panhandle Park – es war immer etwas los.

Jimmy Hendrix' Haus

Die Medien berichteten: Hunter S. Thompson taufte in einem Artikel für die New York Times das Viertel aufgrund des offenen Drogenkonsums kurzerhand in „Hashbury" um. Bald danach kamen 100.000 junge Menschen aus aller Welt hier an, um an der Gründung der Kultur des Kommunenlebens, am freien Drogenkonsum und an freier Liebe teilzuhaben.

Heutzutage sind hier die Wohnungen sehr teuer. Aber „Hashbury" ist immer noch trendy und hip. Die Boutiquen sind bunt und bieten die neuesten Modetrends. Die Lebensmittel-Coops der 1960er-Jahre sind weiterhin erfolgreich, obwohl neue Bioläden ihnen Konkurrenz machen. In Upper Haight bieten schicke Cafés und Restaurants angesagte Küche, Farm to Table.

Mitglieder der San Francisco Heritage Organisation erkämpften die Erhaltung des Doolan-Larson Gebäudes, 557 Ashbury Street, in dem in den 1960er-Jahren die erste Hippieboutique, das Mnasidika, untergebracht war. Peggy Caserta, eine gute Freundin von Janis Joplin, war Inhaberin der Boutique und soll Jimi Hendrix zu seinem Look – bestickte Samtwesten und

Späte Hippies

Kalifornien: 50 Tipps abseits der ausgetretenen Pfade
Marion Renk-Rosenthal
360° medien, 2. Auflage 2024
Taschenbuch, 256 Seiten
Preis: 16,95 EUR
ISBN: 978-3-96855-279-8

Hippieboutique

Schlaghosenjeans – verholfen haben. Auch die Band Grateful Dead liebte den Laden und ließ sich hier häufig fotografieren. Das alte Hippieviertel ist sehr leicht zu Fuß zu erforschen. Freier Drogenkonsum findet immer noch statt. Marihuana ist in Kalifornien legal und man riecht es.

LAGE
Das Zentrum der Hippiekultur 1967/68 lag in Haight-Ashbury und dem östlichen Teil des Golden Gate Park. Mittelpunkt ist die Kreuzung Haight und Ashbury Street.

ANFAHRT
Buslinie 7 und der NBUS in Richtung Ocean Beach verbinden Union Square im Zentrum mit Haight Ashbury.

UNTERKUNFT
Herb'n Inn: Bed and Breakfast, das auch das Psychedelic History Museum behaust. Pam Brennan ist die Besitzerin, sie und ihr Bruder Bruce leiten auch die Haight Ashbury Flower Power Walking Tour; 525 Ashbury Street, San Francisco, CA 94117, Tel. +1 415 553 8542, *herbninn.com*

WEBSITES
• *sftravel.com/explore/neighborhoods/haight-ashbury*
• Straßenkarte der Locations: *goo.gl/maps/xfyyqjACJ1HZceq77*

HINWEIS
Im Buena Vista Park und Golden Gate Park's Hippie Hill haben sich viele Obdachlose ihr Zuhause geschaffen.

Folgende Adressen sind von besonderer Bedeutung:
• **710 Ashbury Street:** Grateful Dead Haus
• **719 Ashbury Street:** Hauptquartier der San Francisco Hell's Angels
• **635 Ashbury Street:** Janis Joplins Wohnung im ersten Stock
• **557 Ashbury Street:** Doolan-Larson Building; heute mit Boutiquen im Erdgeschoss und Wohnungen in den oberen Etagen
• **525 Ashbury Street:** Herb'n Inn Bed and Breakfast
• **1524 Haight Street:** Jimi Hendrix' Wohnung in dem heute knallrot angemalten Haus
• **1665 Haight Street:** legendäres Red Victorian Bed and Breakfast Peace Center
• **1855 Haight Street:** Amoeba Music, legendärer Plattenladen, bekannt für Mini-Konzerte berühmter Musiker, umfangreiche Vinyl Kollektion, Sammlerobjekte und mehr
• **Hippie Hill im Golden Gate Park:** zieht immer noch viele Straßenmusikanten und Marihuana-Anhänger an. Spontane Trommelkreise und Tänze finden statt.

360° NORDAMERIKA – Reisen, Natur und Gesellschaft
Special 3/2024
360grad-travel.club

360°

KANADA

Kanadas Herbst-Highlights

EINFACH WOW!
Spektakuläre Roadtrips

DURCH WILDNIS UND WEITE
Die schönsten Wanderungen

ENTSCHLEUNIGEN LEICHT GEMACHT
Kanadas Wälder entdecken

DIE SAISON VERLÄNGERN
Magische Wintererlebnisse

D, A, Europa: 4,50 €
Schweiz: 6,50 CHF
ISBN 978-3-96855-583-6

Liebe Leserinnen, liebe Leser,

etwa von Mitte September bis Ende Oktober verströmen Kanadas Landschaften einen besonderen Zauber. Es ist die Zeit für einen Rausch der Sinne! Die Laubwälder verzaubern dann mit ihrem traumhaften Kleid aus Gelb-, Orange- und Rottönen und verzieren das ganze Land von Küste zu Küste.

Der Herbst ist gerade für Naturliebhaber die perfekte Reisezeit, um die schönsten Regionen Kanadas zu entdecken. Damit Sie diese wunderbare Zeit in Ihrem Traumland genießen können, haben wir die schönsten Erlebnisse für den kanadischen Herbst für Sie zusammengestellt.

Wir starten mit ausgedehnten Herbstwanderungen in atemberaubenden Landschaften von West nach Ost, bevor Jörg Michel uns die schönsten herbstlichen Roadtrips mit spektakulären Natur- und Kulturerlebnissen vorstellt. Anschließend entdecken wir gemeinsam Kanadas schier unendliche Wälder. Kennen Sie schon den „Highway to Herbst? Wenn nicht, dann machen Sie sich auf den Weg über die besten Routen durch den Farbenzauber der Provinz Ontario.

Wie wär's mit einer Verlängerung des Traumurlaubs? Wenn Ende Oktober in vielen Regionen des Landes der Winter einzieht, locken Winter(sport)träume in den Kanadischen Rockies, (nicht nur) die Provinzen Alberta und Québec werden zum Winterwunderland und mit dem „Canadian" lässt sich der kanadische Winterzauber auf Schienen entdecken. Und ganz zum Schluss nimmt uns Michael Neumann mit zu einem ganz besonderen Abenteuer: zum Heliskiing!

Einen farbenfrohen Lesespaß wünscht die Redaktion von 360° NordAmerika!

Inhalt

Kanadas Herbst-Highlights

Der Herbst verwandelt Kanada in ein einzigartiges Farbenmeer.

Impressum

360° NordAmerika – Special 3/2024 Kanadas Herbst-Highlights
Dieses Special erscheint in Kooperation mit Destination Canada als Sonderpublikation.

Verlag: 360° medien | Nachtigallenweg 1 | 40822 Mettmann | Tel.: +49 2104 5063-100 | E-Mail: info@360grad-medien.de | redaktion@360grad-medien.de | www.360grad-travel.club
ISBN: 978-3-96855-583-6
Preis: 4,50 €
Bildnachweise: 1000 Islands Tourism S. 19o; Algoma County | Kari Luhtasaari S. 18o; Algoma County | James Smedley S. 17; Banff & Lake Louise Tourism S. 26u; Banff & Lake Louise Tourism | Noel Hendrickson S. 23u re, 26o; Banff & Lake Louise Tourism | Paul Zizka S. 23u li, 19u; Bray- den Elliott Photography S. 6u; Government of Yukon S. 10u; Government of Yukon | Fritz Mueller S. 7u; Haliburton Wolf Centre S. 18u re; Roman Koenigshofer S. 8; Ulysse Lefebvre S. 32; Malahat SkyWalk | Milen Kootnikoff S. 13; Jason Meng Visuals | Lauren Neves @jasonmengvisuals & @laurenmneves S. 21u; Justin Nan S. 38u; Justin Nan DeepThoughtProductions S. 36, 37, 39o; Nunavik Tourism S. 35o; Matthieu Paley S. 11u; Olivier Paradis S. 34mi; John Price @johnpricephotography S. 22o; Hunter Scrimshaw S. 39u; Sherpas Cinema S. 20u, 27mi li; Tourism Canmore Kananaskis | John Price S. 27mi re; Tourism Nova Scotia | daveyandsky S. 15; Tourism Saskatchewan S. 4; Tourism Saskatchewan | Greg Huszar Photography S. 10mi; Travel Alberta | Chris Amat S. 26mi; Travel Alberta | Jeff Bartlett S. 23o; Travel Alberta | Cakewalk Media S. 25; Travel Alberta | Jake Dyson S. 24; Travel Alberta | Peter OHara S. 6o; Travel Alberta | Mike Seehagel S. 20/21o; Travel Alberta | Jaime Vedres S. 22u; Travel Manitoba S. 14o; VIA Rail S. 28, 30o, 30mi; VIA Rail | Simon Sees S. 30u, 31; Jamie Walter @ jwalter1337 S. 27o; David Webb S. 34u; Heiko Wittenborn S. 33, 34o, 35u

Kanadas schönste Herbst-Wanderungen

Zu Fuß unterwegs durch
atemberaubende Landschaften

Im Prince Albert National Park gibt es viel Wald, aber auch zahlreiche Seen - ein Fünftel des Parks ist mit Wasser bedeckt.

Über 80.000 Kilometer Trails bietet Kanada zwischen Pazifik, Atlantik und dem Eismeer, einige davon gehören zu den schönsten der Welt. Im Osten dominieren Laub- und Ahornwälder, die sich im Herbst in tiefrote und gelbe Naturwunder verwandeln. Im Westen dagegen bestechen die alpinen Lärchenhaine, die in Gold erstrahlen. Die Zeit des Altweibersommers ist ideal, um die idyllischen Herbstlandschaften Kanadas zu Fuß zu erkunden.

Lake O'Hara, British Columbia

Der Lake O'Hara im Yoho National Park ist zu jeder Jahreszeit beeindruckend, aber im Herbst besonders schön. Die Lärchenhaine strahlen in bunten Farben zwischen den immergrünen Nadelwäldern. Zu erreichen ist der See zu Fuß oder mit einem Shuttle-Bus von Parks Canada. Mit den besten Aussichten punkten die Rundwanderwege des Opabin Plateau (6 Kilometer) oder der Big Larches Loop (7 Kilometer).

Das herbstliche Panorama am Eiffel Lake verzaubert mit seinen Kontrasten.

landschaften. Ganz oben auf der Hitliste der sogenannten „Leaf Peeper" steht der Spruce River Highlands Trail (8,5 Kilometer), südlich von Waskesiu. Ein zehn Meter hoher Aussichtsturm lädt zu einem wunderbaren Rundumblick über die Espenwälder im nahen Spruce River Valley ein. Der Boundary Bog Trail (2 Kilometer) verläuft über Holzbohlenwege durch ein Feuchtgebiet mit goldenen Lärchen und Espen.

Algonquin Provincial Park, Ontario

Der Algonquin Provincial Park ist eines der schönsten herbstlichen Ausflugsziele in Kanada. Wanderer und Kanuten finden dort Trails und Wasserwege in Hülle und Fülle. 16 Trails liegen direkt am Highway 60. Beliebt und leicht zugänglich, aber auch schweißtreibend, ist der Lookout Trail (2 Kilometer), der zu zwei eindrucks-

Moraine Lake und Lake Louise, Alberta

Der Moraine Lake im Banff National Park ist ein weltberühmtes Postkartenmotiv. Seine tiefblaue Farbe und die Lage im Tal der zehn Gipfel sind legendär. Im Herbst erreicht die atemberaubende Landschaft hier ihren optischen Höhepunkt: Tageswanderungen durch die goldenen Lärchenwälder führen durch das Larch Valley (8,5 Kilometer) oder zum Eiffel Lake (12 Kilometer). Auch in Lake Louise locken herbstliche Touren, etwa zum Saddleback Pass (7,5 Kilometer) oder Big Beehive (11 Kilometer). Shuttlebusse von Parks Canada bringen Wanderer zu den Ausgangspunkten.

Waskesiu, Saskatchewan

Das kleine Dorf Waskesiu am gleichnamigen See im Prince Albert National Park besticht im Herbst mit bunten Wald-

Ruhe und Entschleunigung, aber auch viel Abwechslung finden Naturliebhaber im Algonquin Provincial Park mit seinen bunten Wäldern und unzähligen Seen.

vollen Aussichtspunkten führt. Vom spektakulären Grat des Two Rivers Trails (2 Kilometer) gibt es nicht nur viele bunte Bäume zu sehen, sondern mit etwas Glück vielleicht auch einen Elch.

Cape Breton Highlands, Nova Scotia

Die Herbstsaison in den Cape Breton Highlands im Norden von Nova Scotia ist kurz, aber intensiv. Der ikonische Cabot Trail ist bekannt für seine überwältigenden Aussichten auf die farbenfrohe Land-

Auf dem Boundary Bog Trail spaziert man entspannt über Holzbohlen durch ein Wald- und Moorgebiet, Seeblick inklusive.

schaft. Wanderwege wie der Franey Trail (7,5 Kilometer) und der Mica Hill Trail (8 Kilometer) führen nicht nur durch bunte Mischwälder, sondern bieten auch weite Blicke auf das Meer.

Hidden Lake Territorial Park, Northwest Territories

Der Herbst in den Northwest Territories ist eine magische Zeit, der die Landschaft in ein lebendiges Gemälde verwandelt. Besonders in den Regionen um Yellowknife und im Hidden Lake Territorial Park ist das Farbenspiel beeindruckend. Der Cameron Falls Trail (3 Kilometer) verläuft nur eine Stunde von Yellowknife entfernt durch bunte, boreale Wälder. Die Wanderung ist zwar eine körperliche Herausforderung, die klare frische Luft und das beruhigende Rauschen der Wasserfälle machen sie aber zu einem unvergesslichen Erlebnis.

Tombstone Territorial Park, Yukon

Wer außergewöhnliche Herbstwanderungen sucht, ist im Tombstone Territorial Park in Yukon richtig. Die schroffen Tombstone Mountains, deren Gipfel im Herbst oft schon schneebedeckt sind, bieten extreme Kontraste zu den leuchtenden Herbstfarben. Der Grizzly Lake Trail (11,5 Kilometer) ist anspruchsvoll, lockt aber mit fantastischen Ausblicken. Auch der kürzere Goldensides Trail (4 Kilome-

ter) punktet mit Panoramen. Für erfahrene Wanderer ist der Aufstieg zum Tombstone Mountain ein Muss.

Sylvia Grinnell Territorial Park, Nunavut

Der Sylvia Grinnell River Trail (5 Kilometer) im Sylvia Grinnell Territorial Park bei Iqaluit in Nunavut führt entlang des Sylvia Grinnell Rivers durch die Tundra, die im Herbst in leuchtenden Gelb-, Rot- und Orangetönen erstrahlt. Der Weg ist gut markiert, es gibt mehrere Aussichtspunkte mit Panoramablicken über die Landschaft und den Fluss. Mit etwas Glück sehen Wanderer arktische Wildtiere wie Polarfüchse und Schneehasen.

Die Wanderwege durch die Cape Breton Highlands punkten mit tollen Ausblicken aufs Meer.

Ein einzigartiger Ort: im Tombstone Territorial Park lässt sich die unberührte Natur und atemberaubende Schönheit der Bergwildnis des Nordens bestaunen.

Die schönsten Roadtrips durch Kanadas Herbstfarben

Spektakuläre Natur und Kultur mit dem Auto, Motorrad oder Wohnmobil entdecken

Autor: Jörg Michel

Der Icefields Parkway in Alberta – eine der bedeutsamsten Panoramastrecken Kanadas – bietet mit Bergen, Tälern, Seen und Gletschern viel Abwechslung.

Kanada ist ein Land für Roadtripper. Ob kurvenreicher Küstenhighway, atemberaubende Panoramastraße oder abenteuerliche Schotterpiste – Auto-, Motorrad- und Wohnmobilfahrer kommen in Kanada voll auf ihre Kosten. Besonders gilt das für den Herbst. Im Rück- und Seitenspiegel um diese Jahreszeit mit dabei: idyllische Landschaften, stürmische Küsten, faszinierende Wolkenspiele, farbenfrohe Wälder.

Von populär bis unbekannt, von lang bis kurz, von geradeaus bis kurvenreich – diese acht Roadtrips präsentieren den Herbst im Ahornland von seiner schönsten Seite.

Sea to Sky Highway, British Columbia (163 Kilometer)

Eine der beeindruckendsten Strecken Kanadas beginnt im Stanley Park in Vancouver, Kanadas größtem Stadtpark. Über die Lions Gate Bridge führt der Sea to Sky Highway (Nummer 99) nach Norden bis Whistler. Vorbei an stürmischen Küsten, malerischen Fjorden und herbstlichen Wäldern windet sich die Route entlang von Felsen und Klippen. In Squamish lohnt sich ein Ausflug mit der Sea to Sky Gondola auf 885 Meter Höhe, inklusive

Pittoreske Landschaften und zahlreiche Sehenswürdigkeiten locken auf dem Sea to Sky Highway.

Blick auf den markanten Stawamus Chief. Kurz vor Whistler lädt der Sea to Sky Wanderweg zu einem Spaziergang durch den Herbstwald ein.

Dempster Highway, Yukon/ Northwest Territories (740 Kilometer)

Los geht es in der alten Goldgräberstadt Dawson City im Yukon. Der Dempster Highway verläuft immer nach Norden, über den Polarkreis bis nach Inuvik in den Northwest Territories. Gute Reifen sind Pflicht, denn die Strecke besteht aus Schotter. Im Herbst verwandelt sich die Tundra in einen Teppich aus dunkelroten, braunen und orangen Farben. Ein wichtiger Stopp ist der Tombstone Territorial Park etwa 120 Kilometer nordöstlich von Dawson City. Ab und an kreuzen Karibu-Herden den Highway, auch Grizzlybären sind anzutreffen. Übernachtet wird in Eagle Plains. Am Mackenzie und Peel River sind zwei Flussfähren in Betrieb, die im Spätherbst durch eine Eisstraße ersetzt werden.

Icefields Parkway, Alberta (232 Kilometer)

Atemberaubendes Farbenspiel am Dempster Highway, der vom Yukon in die Northwest Territories verläuft.

Ein paar Kilometer nördlich von Lake Louise in den Rocky Mountains beginnt Highway 93, besser bekannt als Icefields Parkway. Er gilt als eine der spektakulärs-

ten Panoramastraßen Kanadas und führt entlang der kontinentalen Wasserscheide Richtung Norden - vorbei an majestätischen Bergen, tiefen Tälern, glitzernden Seen, Wasserfällen, mächtigen Gletschern und Eisfeldern. Im Herbst zeigen sich Birken und Espen in voller Pracht - ein Anblick, der zu Zwischenstopps auffordert. Im Banff National Park leiten alpine Wanderwege zu idyllischen goldgelben Lärchenhainen. Besonders für Wanderer einmalig: das Larch Valley nahe Lake Louise.

Qu`Appelle Valley, Saskatchewan (430 Kilometer)

Saskatchewans Hauptstadt Regina ist der Startpunkt für einen Roadtrip durch das Tal des Qu'Appelle, das sich über hun-

Die Route durchs Qu'Appelle Valley in Saskatchewan besticht mit hügeligen Tälern und ist eine schöne Abwechslung zum Prärieland.

derte Kilometer durch hügelige Täler bis nach Manitoba schlängelt. Es steht in auffälligem Kontrast zum flachen Prärieland. Die Route verläuft streckenweise parallel zum Trans-Canada Highway und führt durch das unbekannte Saskatchewan, vorbei an historischen Stätten, Provinzparks, Seen, Stränden, Naturschutzgebieten und Wäldern. Ein Highlight ist das Hidden Valley nahe Lumsden und Craven. Naturliebhaber besuchen den Echo Valley Provincial Park, ein Paradies für Wanderer und Paddler.

Niagara Parkway, Ontario (55 Kilometer)

Unweit des Lake Erie beginnt eine der schönsten Panoramastraßen Ontarios. Der Niagara Parkway führt an den berühmten Niagara-Wasserfällen vorbei durch ländliches Gebiet bis nach Niagara-On-The-Lake am Lake Ontario. Im Herbst leuchten

Auf dem Niagara Parkway lohnt ein Stop bei einem der zahlreichen Weingüter, die im Herbst in die Weinlese starten.

die Laubbäume und auf den Weingütern startet die Weinlese. Großartige Blicke auf die Herbstfärbung und die Stromschnellen des Niagara River bringt der White Water Walk mit. Abseits der Hotspots leiten Wanderwege zu den Niagara Glen, beeindruckenden Schluchten. Ein Besuch auf einer der vielen Farmen, die Kürbis und andere Herbstprodukte im Angebot haben, rundet die Tour ab.

Saint Lawrence Route, Québec (78 Kilometer)

Die Region Charlevoix in Québec gehört zu dem Besten, was der Herbst in Kanada zu bieten hat! Laub, Laub und nochmals Laub! Der Start der Saint Lawrence Route ist im Künstlerstädtchen Baie-Saint-Paul. Unweit des mächtigen Sankt-Lorenz-Stroms geht es dann weiter nach Nordosten durch herbstliche Alleen und Dörfer. In der Ferne strahlen die Mittelgebirge des Charlevoix in der Sonne, in der Luft hängt der Duft von Salzwasser, der Atlantik ist nicht mehr weit. Sogar Sandstrände gibt es unterwegs.

Im Ferienort La Malbaie, der wunderbare Blicke auf den tiefblauen Sankt-Lorenz-Strom eröffnet, endet die Route.

Cabot Trail, Nova Scotia (298 Kilometer)

In Baddeck im Norden von Nova Scotia startet der Cabot Trail, einer der berühmtesten Roadtrips in ganz Nordamerika. Fast dreihundert Kilometer ist die Rundstrecke lang, unter ständigem auf und ab verläuft sie entlang des Atlantiks und über die Hochebenen von Cape Breton Island. Ein Teil der Strecke liegt im Cape Breton Highlands National Park, wo ein fantastischer Ausblick den nächsten jagt. Unterwegs lohnen sich Stopps in den Fischerdörfern Dingwall und Chéticamp oder in Pleasant Bay, wo bis September Whale-Watching möglich ist. Am Erntedankwochenende beginnt das Celtic Colours Festival, das mit Kunst, Kultur, Musik und Tanz lockt. Eines der Highlights des Festivals sind die traditionellen Fiddler, die Geigenspieler schottischer und irischer Abstammung.

11

Der Skyline Trail entlang des Cabot Trail punktet mit perfekten Ausblicken.

Kanadas Wälder –
wohltuende Oasen für Leib und Seele

Bäume, Bäume, Bäume – soweit das Auge reicht. Kanadas Wälder sind riesig und weitläufig, sie bedecken über die Hälfte der Landesfläche. Die wahren Wunderwerke der Natur sind grüne Lungen, Kohlenstoffspeicher zum Schutz des Klimas und Lebensräume für die vielfältige Flora und Fauna des Landes. Auch für das Wohlbefinden der Menschen spielen sie eine wichtige Rolle, denn Wälder können Wellness-Oasen, Erholungsorte, Rückzugsräume und Heimat sein. Für viele indigene Völker tragen sie darüber hinaus zum Lebensunterhalt bei.

Höchste Zeit also, durch einige der schönsten Waldgebiete Kanadas zu streifen, durchzuatmen und die Seele baumeln zu lassen. Dabei wohltuende Sinneseindrücke aufnehmen, die typisch sind für die Wälder Kanadas: die würzige Luft, die weichen Moose, die rauschenden Baumwipfel, die singenden Vögel, die betörende Stille und die Böden, die mit jedem Schritt federn. Kanadas Wälder sind zu jeder Jahreszeit einen Besuch wert, im Herbst allerdings zeigen sie sich von ihrer schönsten Seite, denn da präsentieren sich die grünen Oasen oft in spektakulären Farben.

Einzigartiges Outdoor-Erlebnis auf Vancouver Island: der Malahat Sky-Walk belohnt Besucher mit einem 360-Grad-Blick auf Inseln, Wälder, Fjorde und Berge aus 250 Metern Höhe.

Besonders faszinierend sind die Wälder auf Vancouver Island in British Columbia. In der pazifischen Küstenprovinz sind einige der ältesten gemäßigten Regenwälder der Welt heimisch. Hunderte Waldwege schlängeln sich dort an bis zu 800 Jahre alten Douglasien oder Riesenzedern vorbei, zum Beispiel im Schutzgebiet Cathedral Grove im MacMillan Park im Zentrum der Insel oder bei den Wasserfällen im Elk Falls Provincial Park. Im idyllischen Küstenstädtchen Pender Harbour an der Sunshine Coast können Stressgeplagte unter professioneller Anleitung an therapeutischen Waldspaziergängen oder Reflexzonenmassagen teilnehmen. Die Programme zum sogenannten „Wald-Baden" werden von Haida Bolton angeboten, der ersten zertifizierten Waldtherapeutin in British Columbia.

Sinnliche Walderlebnisse im Herzen des Banff National Park in Alberta organisieren die Guides von Forest Fix. Besucher können dabei in Kanadas ältestem und bekanntestem Nationalpark Yoga sowie die Achtsamkeitspraktiken von Shinrin Yoku erlernen, einer japanischen Therapie, bei der die heilende Atmosphäre von Wäldern eine große Rolle spielt. Auch virtuelle Waldtherapien werden angeboten, die zum Ziel haben, Körper, Geist und Seele miteinander zu versöhnen.

Eine indigene Perspektive auf die Wälder Kanadas gibt es eine Autostunde nördlich von Winnipeg in der Provinz Manitoba zu erleben. Tanis Thomas, vom Volk der

Bei einer Tour durch das ökologische Schutzgebiet Brokenhead Wetland können Besucher von indigenen Guides lernen.

Anishinaabe, nimmt Besucher mit auf ihre kulturellen Streifzüge durch das ökologische Schutzgebiet Brokenhead Wetland. Die zweistündigen Touren basieren auf dem Wissen ihres Volkes und führen durch boreale Wälder am Rande eines kalkhaltigen Niedermoors – eines der seltensten Feuchtgebiet-Gattungen in Nordamerika. Im Mittelpunkt des indigenen Walderlebnisses steht die historische und kulturelle Bedeutung des Landes für die Ureinwohner.

Auch Wellness-Einrichtungen in Kanada setzen auf die wohltuende Wirkung von Wäldern, zum Beispiel auch Scandinave Spa in den Blue Mountains von Ontario. Das Spa liegt in einem 25 Hektar großen ruhigen Wald mit Birken, Ahornbäumen und Kiefern. Gäste können dort auf Rundgängen mehr über die heilende Wirkung der Bäume lernen sowie die Geräusche und Aromen des Waldes aufnehmen. Unterwegs gibt es schöne Ausblicke auf das UNESCO-Weltbiosphärenreservat Niagara Escarpment mit seinen markanten Steilhängen und Abbruchkanten.

Kanadas kleinste Provinz, die Insel Prince Edward Island, ist berühmt für den Island Walk, einen 700 Kilometer langen Wanderweg, der über Wald und Wiesen rund um die Insel führt. Die Wanderung ist in 32 Abschnitte unterteilt, darunter

Der Banff National Park, Kanadas ältester und bekanntester Nationalpark, hat neben wunderschönen Wanderungen auch Yoga und Achtsamkeitsübungen im Programm.

Entspannung und Wellness inmitten fantastischer Natur ermöglicht die Trout Point Lodge in der Tobeatic Wilderness Area.

sind zahlreiche Waldwege. Wer auf der Insel in einem luxuriösen Baumhaus im Wald wohnen will, der wird im Treetop Haven nahe Mount Tryon fündig – einer Ansammlung kuppelartiger Zelte, die über dem Wald schweben. Mongolische Jurten im Wald hat das Nature Space Resort an der Nordküste von Prince Edward Island im Angebot. Das Wellness-Resort liegt an einer Ozeanlagune, umgeben von dichtem Wald, inmitten eines der vielfältigsten Ökosysteme der Insel.

Wald ohne Ende bietet auch der Kejimkujik National Park in Nova Scotia. Auf dem Hemlocks and Hardwoods Trail schlendern Besucher zwischen einigen der ältesten Bäume der Provinz, darunter auch 300 Jahre alte Hemlocktannen. Die fünf Kilometer lange Schleife führt durch eine erstaunliche Vielfalt an Landschaften und Ökosystemen von Wald und Küste. Geführte Wandertouren können Besucher bei Boot Print Hiking Tours buchen, etwa die fünftägige Tour zur Bay of Fundy und an die South Shore. Zu den Höhepunkten unterwegs zählen die höchsten Gezeiten

der Welt sowie zwei Weltkulturerbestätten: die historische Fischersiedlung Lunenburg und die Kulturlandschaften der Akadier in Grand-Pré. Wen es in die Wildnis zieht, dem sei die Trout Point Lodge empfohlen, ein luxuriöses Resort im Herzen der Tobeatic Wilderness Area im Südwesten von Nova Scotia.

Einmalige Eindrücke lassen sich auch auf dem rund einen Kilometer langen Steve's Trail im Gros Morne National Park in Neufundland und Labrador erleben. Der Weg beginnt 34 Kilometer nördlich der Gemeinde Rocky Harbour. Markant sind dort unter anderem die sogenannten Tuckamores, knorrige und verkrümmte Bäume, die entlang der Küste und in alpinen Gebieten von Neufundland wachsen. Spaziergänge durch die Tuckamores bieten ganz besondere Sinneseindrücke, die Wald und Meer miteinander verbinden: das Rauschen der Wellen, der Duft der Nadelbäume, die farbigen Blütenwiesen, die faszinierenden Aussichten auf die Küste und Fjorde... wohltuend und spektakulär zugleich!

Highway to Herbst

Die besten Routen durch
Ontarios Farbenzauber

Der Algonquin Provincial Park lockt mit seiner ganzen herbstlichen Pracht.

Wenn sich der Sommer heimlich, still und leise davonschleicht, verwandelt die Natur Ontario in ein flammendes Farbenmeer. Es ist die perfekte Zeit für einen Roadtrip durch die Provinz! Hier sind vier unvergessliche Routen für Naturfans und Laub-Enthusiasten.

Algonquin Provincial Park: Ein Fest für die Sinne

Drei Stunden nördlich von Toronto liegt Kanadas ältester Provinzpark, der Algonquin Provincial Park. Der Park ist das ganze Jahr über leicht erreichbar und lockt mit atemberaubenden Wäldern und Seen. Im Herbst wandelt sich die Landschaft in ein spektakuläres Gemälde aus Gold-, Rot- und Orangetönen. Ideal für alle, die beim Wandern, Kanufahren oder Campen Elche, Schwarzbären und Rehe in freier Wildbahn erleben möchten. Ein Besuch im Algonquin ist wie ein Sprung in die schönste Postkarte Ontarios!

Bei einer Fahrt über den Trans Canada Highway lohnt es, immer mal wieder anzuhalten und den wunderschönen Ausblick auf Ontarios Natur zu genießen.

In Thunder Bay lassen sich manchmal sogar atemberaubende Polarlichter bestaunen.

Von „The Soo" nach Thunder Bay: Ein Abenteuer entlang des Lake Superior

Der Trans Canada Highway (Highway 17) führt von Sault Ste. Marie bis nach Thunder Bay – 680 Kilometer voller überwältigender Ausblicke auf den Lake Superior. Die Strecke ist gespickt mit Wanderwegen, Aussichtspunkten und Wasserfällen in drei Provinzparks. Und kurz vor Thunder Bay warten die majestätischen Kakabeka Falls, auch bekannt als die „Niagarafälle des Nordens". In dieser Region gibt es kaum Lichtverschmutzung, abends lohnt sich also der Blick nach oben: Mit etwas

Die Route entlang des Lake Superior gilt als eine der schönsten Küstenstraßen der Welt.

Glück zeigen sich die Polarlichter oder ein nächtlicher Gruß von Pluto, Jupiter und Saturn!

Ontario Highlands: Das geheime Juwel für Naturfans

Die Ontario Highlands erstrecken sich über 24.000 Quadratkilometer im Osten der Provinz und sind ein Paradies für Camping- und Wohnmobilurlauber. Im

Ein tierisches Vergnügen: Im Haliburton Wolf Centre können Besucher mit den Wölfen um die Wette heulen.

Herbst leuchtet das Blättermeer in Scharlachrot und Gold bis zum Horizont. Auf kurvigen Landstraßen geht es entlang idyllischer Ortschaften und Farmen. Ein Highlight an der Strecke ist The Haliburton Forest and Wildlife Reserve. Hier

Ein absolutes Muss: die 1000 Islands vom Wasser aus erkunden.

warten der Baumwipfelpfad „Walk in the Clouds", Kanu- und Kajakfahrten und das Haliburton Wolf Centre, wo Tierfreunde lernen, wie sie mit Wölfen um die Wette heulen. Haliburton gehört zu den größten Wäldern Ontarios in Privatbesitz, eine Übernachtung ist dort in rustikalen Hütten möglich.

1000 Islands und Kingston: Farbenpracht und historische Schätze

Der 1000 Islands National Park, der 1904 gegründet wurde, entfaltet im Herbst seine ganze Pracht. Zwischen Kingston und Brockville zeigen sich die Granitinseln und Kiefern in lebendigen Rot-, Orange- und Gelbtönen. Ein Hubschrauberflug bietet beeindruckende Perspektiven auf das Farbenspiel, vom Wasser aus sind Boots- oder Kajaktouren ein Muss. Kingston, bekannt für seine Gebäude aus dem 19. Jahrhundert, war einst die Hauptstadt des kolonialen Kanadas. Highlights sind

die Kingston City Hall, die Waterfront, das Penitentiary Museum, Fort Henry und die Bellevue House National Historic Site. Ein herbstlicher Roadtrip nach Kingston ist wie eine Reise zurück in die Zeit, gepaart mit atemberaubender Natur.

destinationontario.com/de

Historische Gebäude aus dem 19. Jahrhundert sind typisch auf den 1000 Islands.

Albertas Winterwunderland

Highlights für Gipfelstürmer und Genießer

Der Winter in Alberta ist mehr als nur eine Jahreszeit – er ist ein Erlebnis, das Herz und Seele berührt. Ob zügig auf der Piste, abenteuerlich bei einer Hundeschlittenfahrt oder entschleunigend beim Langlaufen, die Provinz bietet zahlreiche Erlebnisse für alle, die gern in der Natur unterwegs sind. Albertas Winterwunderland ist einfach ein magischer Ort.

Rund sieben Monate im Jahr kann man in den Skigebieten die Pisten runtersausen.

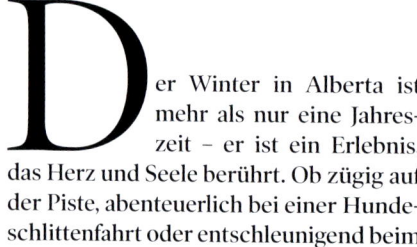

Rasante Abenteuer für Adrenalinjunkies

Schnelligkeit trifft Schnee – in einem Wort heißt dies Skiabfahrt, und es ist der Klassiker unter den Wintererlebnissen. In den Canadian Rockies wie zum Beispiel am Mount Norquay bei Banff laden die Skigebiete fast sieben Monate im Jahr dazu ein, Spuren im Schnee zu hinterlassen.

Geschwindigkeit und gleichzeitig Kontrolle steht beim Schneemobilfahren im Kananaskis Country auf dem Programm. Die verschneiten Hänge und ausgedehnten

Alberta ist der perfekte Ort für winterliche Aktivitäten – eine Hundeschlittenfahrt ist nur eins von vielen unvergesslichen Erlebnissen.

Waldwege bieten perfekte Bedingungen für eine Fahrt bei bis zu 80 Stundenkilometern durch den tiefen Schnee. Geführte Touren machen mit den Grundlagen des Schneemobilfahrens vertraut und geleiten sicher durch die schönsten Gebiete des Südens.

Mit dem Hundeschlitten durch die unendliche Weite und unberührte Natur der Rockies zu gleiten, lässt das Herz garantiert schneller schlagen. Bei Anbietern wie Snowy Owl Sled Dog Tours in Canmore können Abenteuerlustige die zweistündige Tour „Powder Hound Express" buchen, bei der Huskys mit beeindruckender Geschwindigkeit ihre Schlitten durch die atemberaubende Winterlandschaft des Kananaskis Country ziehen. Vorab gilt es jedoch zu erlernen, wie ein eigenes Schlittenhundegespann eingespannt und ver-

sorgt wird. Wem ein Tagesausflug nicht reicht, der entscheidet sich für die „Ghosts of Fortune Mountain"-Tour. Sie dauert ganze zwei Tage und bewältigt 20 Kilometer Strecke. Neben unberührter Natur gibt es unterwegs köstliche Gourmetgerichte und

Wer es rasant mag, bucht eine Schneemobiltour und düst mit bis zu 80 km/h durchs Kananaskis Country.

Nur was für Schwindel-freie: beim Eisklettern entlang der Bow Falls im National Park von Banff geht es steil hinauf.

geruhsame Nächte unter dem Sternenhimmel in gemütlichen, pelzgefütterten Zelten. Ein garantiert unvergessliches Erlebnis!

Für Mutige auf der Suche nach weiterem Nervenkitzel hält der Banff National Park mit seinen gefrorenen Wasserfällen und steilen Eiswänden einige der besten Eiskletterspots der Welt bereit, etwa im Johnston Canyon oder an den mächtigen Bow Falls. Auch bei Canmore ist Eisklettern möglich. Lokale Anbieter haben Kurse und geführte Touren im Programm, die die notwendigen Fähigkeiten und Sicherheitsmaßnahmen vermitteln.

Die wunderschöne Winterlandschaft von Canmore lässt sich perfekt beim Langlaufen genießen.

Entspannte Winterfreuden für Genießer

Langlaufen am Lake Louise ist eine wunderbare Möglichkeit, die Winterlandschaft im eigenen Tempo zu genießen. Die bestens präparierten Loipen führen durch dichte Wälder und über zugefrorene Seen mit tollem Ausblick auf die umliegenden Berge. Anfänger buchen Ausrüstung und Langlaufkurs bei den Anbietern vor Ort. Auf Profis warten anspruchsvolle Loipen, die auch auf längeren Etappen durch die Natur führen.

Für eine gemächlichere Erkundung der Bergwelt ist das Schneeschuhwandern ideal. Diese altehrwürdige Fortbewegungsart ermöglicht es, tief in die Wildnis einzutauchen, ohne im Schnee zu versinken. Inmitten der National Parks entsteht dabei ein besonderes Gefühl der Verbundenheit mit der Natur.

Wer Ruhe und Abgeschiedenheit sucht, wird beim Wintercamping im Elk Island National Park fündig. Mit etwas Glück lässt sich dort am Nachthimmel der Tanz der Nordlichter beobachten. In Alberta gibt es fünf ausgewiesene Dark-Sky-Schutzgebiete, die die Provinz auch zum idealen

Ein Himmel voller funkelnder Lichter – Sternebeobachter kommen in den fünf Dark-Sky-Schutzgebieten Albertas auf ihre Kosten.

Ziel für Sternebeobachter machen. Beaver Hills Dark Sky Preserve im Elk Island nahe Albertas Hauptstadt Edmonton ist eines von ihnen.

Auch kulturelle Erlebnisse kommen in Alberta nicht zu kurz. Faszinierende Eisskulpturen, cooles Kunsthandwerk und leckeres Essen sorgen für Begeisterung. Besonders beim „Ice Magic Festival" im Januar in Lake Louise können Besucher jede Menge eisige Kunstwerke bestaunen und viele regionale kulinarische Köstlichkeiten probieren. Die Kulisse verleiht den Kunstwerken ein magisches Antlitz.

Nach einem langen Tag voller Abenteuer in der Natur gibt es nichts Besseres, als in den heißen Quellen zu entspannen. Das warme, mineralreiche Wasser lockert die Muskeln, belebt den Geist und macht fit für den nächsten Tag im Winterwunderland.

travelalberta.com

Wohlig warme Entspannung nach einem erlebnisreichen Tag bieten die heißen Quellen in Banff.

Auch beim Ice Magic Festival in Lake Louise sind sportliche Winterabenteuer allgegenwärtig.

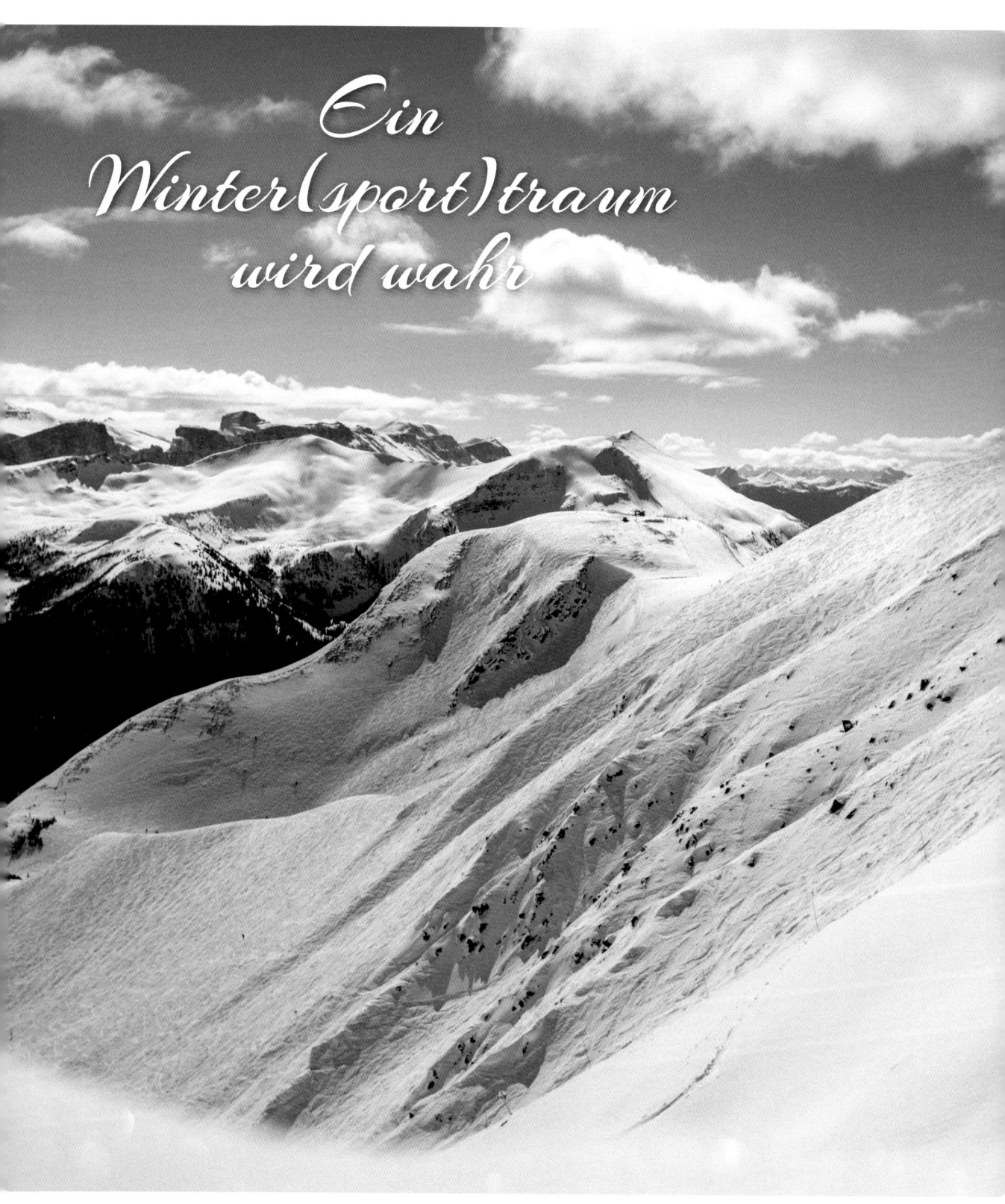

Die Skigebiete in Alberta bieten perfekte Bedingungen für jeden Wintersportliebhaber.

Die Weiten der Kanadischen Rockies sind ein wahres Paradies für Skifahrer. Sie locken mit riesigen Terrains und exzellenten Schneebedingungen und werden garantiert allen Fähigkeiten und Ansprüchen gerecht.

Spätestens seit den Olympischen Winterspielen 1988 in Calgary gelten die Kanadischen Rocky Mountains als Inbegriff des Skifahrens. Erklärtes Ziel vieler Skifahrer, Snowboarder und Freerider ist dabei die Provinz Alberta, die nicht nur mit traumhafter Natur, sondern auch mit dem unvergleichlichen „Champagne Powder" besticht. Wegen der geringen Luftfeuchtigkeit in der Region ist dieser Schnee besonders leicht und pulvrig.

Die Skisaison beginnt in Alberta bereits Anfang November und erstreckt sich bis weit in den Mai. Der lange Winter punktet aber nicht nur bei Skifahrern mit Abenteuern in der Natur. Auch alle, die den Winter abseits der Pisten genießen wollen, finden Outdoor-Abenteuer der Extraklasse.

Calgary, das Tor zu den Kanadischen Rockies

Der perfekte Ausgangspunkt für einen Winterurlaub in den Kanadischen Rockies ist Calgary. Die pulsierende Stadt ist nicht

Von Calgary aus ist man schnell in den nahegelegenen Nationalparks und Skigebieten.

nur für ihre Gastfreundschaft bekannt, sondern auch für ihre hervorragende Anbindung an die umliegenden Nationalparks. Ob mit dem Mietwagen oder den bequemen Shuttle-Bussen, die Skigebiete sind von hier aus leicht erreichbar.

Ski Big 3 – Drei Top-Gebiete auf einen Schlag

Im Banff National Park bieten die Ski-Areale Banff Sunshine, Lake Louise Ski Resort und Mt. Norquay ein einzigartiges Ski-Erlebnis – erfahrbar mit nur einem einzigen Skipass. Dieser Pass beinhaltet sogar einen kostenlosen Transfer von den meisten Hotels aus.

Mt. Norquay: Familienspaß und Abenteuer bei Nacht

Nur wenige Minuten von der Stadt Banff entfernt befindet sich Mt. Norquay. Das Skigebiet ist besonders für Familien attraktiv. Als einziges Resort im Banff National Park ermöglicht Mt. Norquay das Nachtskifahren. Die zahlreichen präparierten grünen und blauen Pisten sind ideal für Anfänger. Ein besonderes Highlight ist das Snowtubing in Tube Town.

Banff Sunshine: Ein Dorf im Schnee

Nur anderthalb Stunden von Calgary entfernt liegt Sunshine Village, ein Skigebiet von Weltklasse. Hier können Besu-

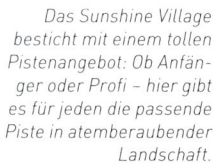

Die Kleinen haben ihren Spaß beim Snowtubing in Mt. Norquay, das speziell bei Familien beliebt ist.

cher im Rogers Terrain Park ihr Können verbessern oder bei einer historischen Schneeschuhwanderung das unberührte Hinterland erkunden. Wer in der Sunshine Mountain Lodge nächtigt – der ein-

Von der Sunshine Mountain Lodge haben Gäste direkten Zugang zu den Pisten.

zigen Ski-in/Ski-out Unterkunft in einem kanadischen Nationalpark – kann morgens als Erster die frisch präparierten Pisten erkunden und abends nach Pistenschluss die Ruhe der verschneiten Landschaft genießen.

Lake Louise: Skifahren in Postkartenidylle

Mitten im Banff National Park befindet sich das Lake Louise Ski Resort, ein Weltklasse-Ziel für Skifahrer, Snowboarder und Outdoor-Abenteurer. Die weitläufigen und abwechslungsreichen Pisten bieten ideale Bedingungen für Anfänger, Fortgeschrittene und Experten. Besonders bekannt ist

Das Sunshine Village besticht mit einem tollen Pistenangebot: Ob Anfänger oder Profi – hier gibt es für jeden die passende Piste in atemberaubender Landschaft.

Lake Louise für das Tree-Skiing, bei dem Skifahrer ihre Schwünge durch die Nadelwälder ziehen können. Das Lake Louise Ski Resort ist im wahrsten Sinne des

Die Abfahrt in Lake Louise eröffnet einen schier unendlichen Ausblick auf die Rocky Mountains.

Wortes ausgezeichnet: bei den World Ski Awards in Kitzbühel erhielt es mehrfach die Ehrung „Bestes Ski Resort in Kanada". Von einigen Pisten aus haben Skifahrer einen traumhaften Blick auf den berühmten See Lake Louise mit dem majestätischen Victoria Gletscher im Hintergrund. Wie gemalt wirkt dort das direkt am See gelegene, luxuriöse Fairmont Chateau Lake Louise – für viele die perfekte Basis, um einen Skiurlaub mit Stil zu erleben.

Canmore: Perfekt für Ausdauersportler

Während die majestätischen Skigebiete der Big 3 Skifahrer und Snowboarder aus aller Welt zu rasanten Abfahrten einladen, gibt es im Radius von Calgary auch weltweit renommierte Langlauf- und Biathlonziele. Ein Highlight ist das Canmore

Nordic Centre Provincial Park, das sich nahtlos in die beeindruckende Winterlandschaft Albertas einfügt. Ursprünglich für die Olympischen Winterspiele 1988 entwickelt, gilt die Anlage auch heute noch als erstklassig. Im März 2024 fand hier das Finale des Biathlon-Weltcups statt. Ausdauersportler finden im Canmore Nordic Centre auf 65 Kilometern präparierter und gespurter Loipen optimale Bedingungen für Langläufer aller Leistungsstufen.

Im wahrsten Sinne ausgezeichnet: das Lake Louise Ski Resort wurde bereits mehrfach zum besten Ski Resort Kanadas gekürt.

Mit 65 km Loipen gehört Canmore Nordic Centre zu den fünf größten Langlaufgebieten in Kanada.

travelalberta.com

GUT ZU WISSEN – DIE FARBENLEHRE KANADISCHER PISTEN
Die Skipisten-Kennzeichnung in Kanada unterscheidet sich von jener in Europa. Anfängerpisten sind grün gekennzeichnet, blaue Abfahrten entsprechen der Mittelstufe – sprich den roten Pisten in den Alpen. Schwarze Pisten sind wie in Europa den wirklich erfahrenen Skifahrern und Snowboardern vorbehalten. Eine Steigerung gibt es in Kanada mit den Double Black Diamond-Abfahrten, die durch zwei schwarze Rauten markiert sind und auf die sich nur Profis wagen sollten.

Winterzauber auf Schienen

Mit dem „The Canadian" durch Kanada

Nichts ist entspannter als eine Fahrt mit dem „The Canadian" durch Kanadas magischen Winter.

Draußen glitzern unberührte Schneelandschaften, während der legendäre „Canadian" durch das Herz Kanadas zieht. Durch atemberaubende Landschaften und entlang spektakulärer Naturschauspiele. Drinnen genießen Gäste nicht nur die einmaligen Ausblicke auf die Magie des kanadischen Winters, sondern auch die inneren Werte einer Zugreise: Entspannung pur.

Eine Reise mit dem Zug „The Canadian" von VIA Rail ist mehr als ein Transport von einem Ort zum anderen – es ist eine einzigartige Möglichkeit, Kanadas endlose

Wer eine Prestige Kabine bucht, kann selbst vom Bett aus die malerische Landschaft genießen. Besonders eindrucksvoll sind der Nachthimmel sowie der Sonnenaufgang.

Die gläsernen Aussichtswagen bieten uneingeschränkte Rundum-Ausblicke auf die verschneite Umgebung.

Highlight ist das Panoramafenster, das beiden Gästen auch vom Bett aus den Blick auf die vorbeiziehende Wildnis freigibt. Und in den Nachthimmel, wo sich mit etwas Glück die Nordlichter sehen lassen. Einen bequemeren Ort, um das Himmelsspektakel zu bestaunen, gibt es wohl kaum. Nach einer ruhigen Nacht auf Schienen kann man dann nicht schöner aufwachen: Der Sonnenaufgang präsentiert die märchenhafte Winterlandschaft Kanadas im besten Licht.

Weite auf eine entspannte Art und Weise in vollen Zügen zu genießen. Das Glück beginnt schon im privaten Bereich: Die Schlafkabine bietet einen persönlichen Rückzugsort und ist ausgestattet mit allem Komfort. Im Sleeper Plus Abteil etwa mit bequemen Betten, Toilette und Waschbecken. Wer es luxuriöser mag, bucht eine der Prestige Kabinen. Dort warten ein größeres Abteil mit Sitzecke sowie ein eigenes Bad mit Dusche. Inklusive sind außerdem alkoholische Getränke und ein Concierge-Service.

Beim Blick aus dem Fenster hat man das Gefühl, in einer riesigen Schneekugel zu sitzen.

Das Herzstück des Canadian sind die gläsernen Aussichtswagen, die uneingeschränkte Sicht auf den atemberaubenden 360-Grad Ausblick bieten: Auf die endlosen Prärien im Herzen Kanadas, die majestätischen Rocky Mountains im Westen und die Wälder des Canadian Shield in Nord-Ontario. Auf das Spiel von Licht und Schatten, Eis und Schnee; auf Wildnis und Weite. Und mit etwas Glück auch auf Tiere, die in dieser Welt zuhause sind. Wenn es draußen schneit, fühlen sich Reisende unter der gläsernen Kuppel wie in einer riesigen Schneekugel.

So viel Abenteuer macht hungrig und das kulinarische Angebot an Bord des Canadian kann sich sehen lassen. Die Bordköche verwöhnen Gäste mit frischen, regionalen Spezialitäten und jede Mahlzeit ist eine Entdeckungsreise durch die kanadische Küche. Natürlich verlieren Gäste auch beim Essen die sich stetig neu inszenierende Winterlandschaft nie aus den Augen.

Abends ist dann die Lounge der place to be. Es ist der perfekte Platz, um den Tag bei einem Drink von der Bar gemütlich ausklingen und gemeinsam mit Reisenden aus aller Welt die Eindrücke des Tages Revue passieren zu lassen.

Wer mit dem Canadian reist, der reist in einer ganz eigenen Welt. Kanadas ikonischer Zug ist ein Ort, an dem Reisende den Alltag weit hinter sich lassen, entschleunigen und nur den Moment genießen können. Und eine einzigartige Möglichkeit, um die Magie des kanadischen Winters von der schönsten Seite zu erleben.

Eine einzigartige und unvergessliche Erfahrung: die Zugreise mit „The Canadian"

KANADA ERFAHREN MIT VIA RAIL
VIA Rail verbindet Kanadas große Städte und entlegene Gebiete mit einem umfassenden Schienennetz.

Ontario-Québec Korridor: Diese Strecke führt zu den großen Städten wie Montréal, Ottawa, Toronto und Québec City.

Western Canada: Der berühmte „The Canadian" verbindet Toronto mit Vancouver, führt also einmal quer durchs Land und punktet mit spektakulären Ausblicken auf die Prärien und die Rocky Mountains.

Atlantic Canada: Der „Ocean" bietet eine malerische Reise entlang Kanadas Ostküste von Montréal nach Halifax.

Scenic Adventure Routes: Saisonale und touristische Routen führen etwa in die Rocky Mountains, von Winnipeg bis nach Churchill, durch die Herbstwälder Nord-Ontarios oder malerische Regionen Québecs.

VIA Rail hat verschiedene Klassen im Angebot: Die **Economy Class** ist mit geräumigen Sitzen mit Steckdosen und kostenlosem WLAN ausgestattet.
Die **Business Class** beinhaltet zudem Mahlzeiten und Getränkeservice sowie Zugang zu Business Lounges und Priorität beim Einsteigen.
Die **Sleeper Plus Class** gibt es auf den Langstrecken, zu den Extra-Annehmlichkeiten zählen private Kabinen und Zugang zu Lounges.
Die **Prestige Class**, die nur im „The Canadian" von Toronto nach Vancouver verfügbar ist, verwöhnt mit luxuriösen Kabinen mit eigenem Concierge.

viarail.ca/en

Nunavik

Québecs Winterwunderland

Die Inuit laden Abenteurer ein, mit ihnen in die eisigen Weiten von Nunavik einzutauchen.

Über dem 55. Breitengrad liegt Nunavik, Québecs nördlichste Region. Das Tor zur Arktis bietet mit seinen eisigen Weiten, Bergen und klaren Seen eine atemberaubende Kulisse für ausgefallene Winter-Abenteuer. Diese über 500.000 Quadratkilometer große, unberührte Landschaft ist die Heimat der Inuit, ein indigenes Volk, das seit Jahrtausenden in Nunavik lebt und dessen Traditionen eng mit der Natur verbunden sind. Die Inuit sind gastfreundlich und teilen ihre Kultur gern. Wer mit ihnen unterwegs ist, auf den warten authentische Erlebnisse abseits des Alltäglichen.

Den Winter erleben wie die Inuit

Puvirnituq ist der perfekte Einstieg in die Welt der Inuit und ihre Lebensweise. Air Inuit fliegt freitagmorgens von Montréal

Die Fahrt mit dem Hundeschlitten ist ein authentisches Erlebnis, das Besuchern die Lebensweise in Québecs Norden näher bringt.

Wer mag, lernt sogar einen Iglu zu bauen.

und Legenden und lassen dabei die Vergangenheit wieder lebendig werden. Specksteinschnitzereien und der typische Kehlkopfgesang zeugen vom Handwerk und den uralten Traditionen der Ureinwohner des Nordens. Wenn es am Montagnachmittag zurück nach Montréal geht, sind garantiert unvergessliche Erinnerungen im Gepäck.

Abenteuer in spektakulären Nationalparks

Nunavik beheimatet einige der eindrucksvollsten Nationalparks in Québec und ist ein Paradies für Outdoor-Fans und Wintersportler, die sich beim Schneeschuhwandern, Langlaufen, Fatbiken oder

Auch für Langlauf-Fans haben Nunaviks Nationalparks eine Menge zu bieten: unberührte Panoramen soweit das Auge reicht.

an die Ostküste der Hudson Bay. Nur ein paar Stunden später finden sich Abenteurer in einem anderen Leben wieder, mitten in der einmaligen Natur des Nordens: Bei einer Hundeschlittenfahrt auf dem Meereis, beim Eisfischen mitten auf einer riesigen Eisfläche oder bei einem Workshop zum Iglu bauen nach uralter Technik mit Inuit-Guides. Wer sich traut, kann auch die Nacht in einem traditionellen Schneehaus verbringen und mit etwas Glück die Nordlichter sehen – ein Erlebnis, das alle Fünf-Sterne-Hotels übertrifft!

Beim Schneeschuhwandern die spektakuläre Natur erleben und den Pfaden der Ureinwohner folgen

Auch in Puvirnituq selbst werden authentische Erfahrungen großgeschrieben. Inuit-Älteste erzählen ihre Geschichten

Schneemobil fahren austoben können. Im Kuururjuaq Nationalpark folgt man den traditionellen Wegen der Inuit auf dem uralten Pfad durch das Koroc-Tal am Fuße der Torngat Mountains, den höchsten Bergen Québecs. Im Tursujuq Nationalpark, dem größten Park der Provinz, erstrecken sich über 26.000 Quadratkilometer weite und unberührte Flächen, gesprenkelt von gefrorenen Seen. Manchmal lassen sich in diesem Gebiet kleine Herden von Moschusochsen sehen. Wer durch die kargen Landschaften des Pingualuit Nationalparks wandert, fühlt sich dagegen wie auf dem Mond. In jedem Fall lohnenswert ist der Weg zum beeindruckenden Meteorkrater.

*Neben einem leuchten-
den Grün mischt sich
teilweise violetter Schimmer in das faszinierende
Lichterspiel.*

*Die Aqsagniit, wie die
Inuit die Nordlichter nennen, sind von September
bis März zu sehen.*

Spot an: Nordlichter

Im Winter übernimmt in Québecs hohem
Norden die Dunkelheit, das Tageslicht
lässt sich nur für wenige Stunden sehen.
Mit der Wintersonnenwende erhöhen
sich auch die Chancen, Nordlichter, die
von den Inuit Aqsagniit genannt werden,
sehen zu können. Von Anfang September
bis Ende März tanzen die himmlischen
Stars durch die Nacht und erhellen den
Himmel mit leuchtend grünen Bän-
dern, manchmal verziert mit violettem
Schimmer. Die besten Plätze für diese
fantastische Open-Air-Show bietet Inuit
Adventures in Kuujjuaq. Für das ultima-
tive Nordlicht-Abenteuer buchen Gäste das Vier Tages-Paket. Dabei stehen
authentische Erfahrungen wie Kehlkopfgesang, traditionelles Geschichtenerzäh-
len, Kanu- oder Schneemobiltouren auf
dem Tagesprogramm. Übernachtet wird
in gemütlichen Unterkünften, die beste
Ausblicke auf die spektakuläre Aurora
Borealis versprechen. Die klare Luft und
die unberührte Landschaft machen das
Erlebnis perfekt.

*bonjourquebec.com/en
aventuresinuit.ca/en
nunavikparks.ca/en
nunavik-tourism.com
aventuresinuit.ca/en/aurora-borealis-
kuujjuaq*

Die Maximierung des Glücks

Autor: Michael Neumann

Westkanada ist ein Paradies für Freerider.

Was Hawaii für den Surfer, ist Westkanada für den passionierten Tiefschneefahrer: Das Mekka, das auf keiner Wunschliste fehlen darf. Der einfachste Weg ins Powder-Vergnügen führt über CMH, den Pionier des Heliskiing.

Es ist der Traum jedes leidenschaftlichen Skifahrers und Snowboarders: Das nahezu mühelose Dahingleiten durch spurenlosen Tiefschnee. Wer einmal von dieser exklusiven Frucht gekostet hat, um den ist es meist auf ewig geschehen. Dabei muss man keinesfalls ein perfekter Skifahrer sein, denn »Powdern« ist in Zeiten

Seit 1965 fliegt CMH, weltweit größter Heliski-Anbieter, Skifahrer und Snowboarder in die Bergwelt von British Columbia.

Friends on Powderdays!

Legendär: Treeskiing mit Sonne und Champagne-Powder.

Den Ausweg aus diesem Malheur verspricht Canadian Mountain Holidays, kurz CMH. 1965 brachte der Österreicher Hans Gmoser, Visionär und Gründer von CMH, seine ersten Gäste zum Hubschraubergestützten Skifahren in ein ehemaliges Holzfäller-Camp, der heutigen Bugaboo Lodge. Der Rest ist Skigeschichte und CMH längst der weltweit größte Heliski-Anbieter mit einem Gebiet fast so groß wie ein Drittel der Schweiz. Fernab großer Skigebiete mit unzähligen Liftanlagen und Feriendomizilen erleben Abenteurer rund um die elf in der Wildnis von British Columbia gelegenen CMH-Lodges die Essenz des Skifahrens: Großer Sport, eine Prise Nervenkitzel, viel Abenteuer und maximaler Naturgenuss.

breiter Ski und asymmetrischer Snowboards längst kein Hexenwerk mehr. In den Alpen hat die Sache allerdings einen Haken: Immer mehr Freerider tummeln sich nach Schneefällen im freien Skiraum und oft dauert es keine Stunde, bis alle erreichbaren Hänge zerfahren sind. Frau Holles Bereitschaft dagegen, regelmäßig ihre Betten auszuschütteln, sinkt. Und so schwinden die Aussichten auf Powder-Abenteuer beständig, statt Flow heißt es oft Frust.

Die CMH Adamant Lodge ist nur mit dem Helikopter erreichbar.

Dieser Moment, wenn einen der Helikopter nach nur wenigen Minuten Flug auf einem unberührten Berggipfel absetzt, verliert nie seine Faszination. Dort rückt das Rauschen der Restwelt ganz weit in den Hintergrund und es gibt nur noch jungfräuliche Hänge, die darauf warten, signiert zu werden. Egal ob klassisch, Zöpfchen flechtend oder mit großen Schwüngen und Mach 3 – in den Bergen Kanadas ist Platz für alle und alles.

Je nach gewählter Lodge, Schneelage und Saison reicht das Terrain dabei von

Unverspurte Hänge vom ersten bis zum letzten Run.

leichtem und spielerischem Gelände über steile Waldabfahrten bis zu hochalpinen Runs entlang wild zerklüfteter Gletscher. Allen CMH-Destinationen gemein ist dabei des Vergnügens zweiter Teil, der unmittelbar nach der Rückkehr in die gemütlich-komfortable Lodge beginnt. Wie wäre es erst mit einem kühlen Bier im Hot Tub, dann einer ausgiebigen Massage, gefolgt von einem schmackhaften Fünf-Gänge-Menü und abschließendem Absacker vor Kamin und Bärenfell?

Zu spät sollte man dann aber nicht ins Bett sinken, denn am nächsten Tag wartet getreu der Devise »ski, eat, sleep, repeat« schon der nächste »beste Skitag« deines Lebens. Höchstwahrscheinlich mit Neuschnee, denn in den CMH-Regionen schneit es pro Winter sagenhafte 20 Meter und Frau Holle, in Kanada als Mother Hulda bekannt, ist deutlich fleißiger als ihr europäisches Pendant.

Nach der Abfahrt bringt der Heli die Gruppe in wenigen Minuten zurück auf den Berg.

Schon seit 1976 bietet die deutsche CMH-Vertretung AEROSKI Reisen maßgeschneiderte Skireisen rund um das vielfältige Angebot von CMH an: Von der Powder-Intro Schnupperwoche für Tiefschneeneulinge über exklusive-Pakete bis hin zu Pillow-Camps, bei denen sich Teilnehmer an steilste Waldabfahrten und Sprünge herantasten.
aeroski.com
cmhheli.com